AI와 한문 번역

AI문고

인공지능 시대입니다. 기계가 인간의 인지를 대신하고, 사물이 인간을 통하지 않고 다른 사물과 직접 커뮤니케이션합니다. 이에 따른 인간 삶과 문명 변화를 정확히 이해 · 예측 · 대응하는 것은 이 시대 우리 모두의 과제입니다. AI문고는 인공지능 기술과 환경의 여러 주제를 10가지 키워드로 정리합니다. 관련 개념과 이론, 학계와 산업계의 쟁점, 우리 일상의 변화를 다룹니다. 인간과 기술의 현재, 미래를 세심히 분석합니다.

일러두기

- 인명, 작품명, 저서명, 개념어 등은 한글과 함께 괄호 안에 해당 국가의 원어를 병기했습니다.
- 외래어 표기는 현행 어문규정의 외래어표기법을 따랐습니다. 다만 '딥러닝', '딥마인드', '딥페이크' 등은 관행을 따랐습니다.

처음이세요?

전문가세요?

AI와 한문 번역

박나연

대한민국, 서울, 커뮤니케이션북스, 2024

AI와 한문 번역

지은이 박나연
펴낸이 박영률

초판 1쇄 펴낸날 2024년 11월 15일

커뮤니케이션북스(주)
출판 등록 2007년 8월 17일 제313-2007-000166호
02880 서울시 성북구 성북로 5-11
전화(02) 7474 001, 팩스(02) 736 5047
commbooks@commbooks.com
www.commbooks.com

ISBN 979-11-288-6886-3 03500

책값은 뒤표지에 표시되어 있습니다.

차례

전통 기록유산, 소수의 문화에서 대중문화로

한국은 예로부터 기록의 나라라고 불렸다. 여러 사정으로 조선 이전의 종이로 된 기록물은 현존하는 기록이 적지만 조선 시대만 하더라도 국왕부터 시골에 사는 선비까지 많은 기록을 남겼다. 국왕의 생활과 국정에 대해 모두 기록한 『승정원일기』, 『조선왕조실록』, 그리고 왕실 행사에 대한 전반적 절차를 기록한 『의궤』까지 국가의 통치와 운영 체계를 보여 준다. 국왕뿐만이 아니다. 지방의 선비들도 자신의 하루하루를 기록한 일기를 남겼다. 이러한 일기들은 개인의 일상을 적은 개인 일기들도 있고, 서원의 설립, 향교의 운영 등 마을 공동의 화제인 기록까지 전하며 기록의 나라라고 불릴 만한 자료가 넘쳐난다. 한국의 기록유산은 세계적으로도 인정을 받았다. 1997년 『훈민정음(해례본)』의 유네스코 세계기록유산 지정을 시작으로 『조선왕조실록』, 『승정원일기』, 『불조직지심체요절(佛祖直指心體要節)』, 조선 왕조의 『의궤(儀軌)』, 고려 대장경판, 『동의보감』, 『일성록』, 5·18 광주 민주화 운동 기록물 등이 차례로 세계기록유산에 등재되었다. 2023년 기준으로 총 22건의 기록물들이 유네스코 세계기록유산과 아시아태평양 지역 목록에 등재되었다.

그렇다면 한국의 기록유산은 어떠한 문자로 기록되었을까. 5 · 18 광주 민주화 운동과 새마을 운동, 그리고 이산가족을 찾습니다, 4 · 19 혁명 기록물, 태안 유류 피해 극복 기록물 등 현대 기록물을 제외하면 나머지 세계기록유산에 기록된 주 문자는 '한자'다. 1443년(세종 25) 세종대왕이 우리의 문자인 한글을 창제한 이후에도 전통 시대 지식인들은 한자를 사용하여 기록을 남겼다. 한자 사용은 동아시아 국가들이 유교 문화권으로 묶이고, 한자라는 공통된 문자를 사용했으므로 당시 지식인들은 한자를 사용하여 기록을 남겼다. 물론 내방가사와 같이 여성들이 남긴 기록은 한글로 기록되기도 했다.

하지만 전통 기록유산의 문자는 한자가 대다수다. 이러한 이유는 지금과 달리 당시 지식인들의 주 문자가 한자였기 때문이었고, 한자를 사용하는 동아시아 국가들은 유교 문화권을 형성하고 있었다.

고고 발굴 조서에 따르면 동아시아는 기원전부터 한자를 공통의 문자로 활용하였다고 한다. 신라 시대에는 682년 국학과 788년 독서삼품과를 설치하여 한문 소양을 갖춘 문인 층을 양성하였다. 일본의 경우 나라 시대(710~784)에 『학령(學令)』에 의하여 유학과 잡학, 문학 교육을 강화하며 지식인 계층은 한문 소양을 갖추도록 하였다. 이후 근세에 이르기까지 한국과 일본의 지식인들은 중국의 고전을 참고하면서 지역적 특성과 한자문화원의 보편적 특성을 형성해 나갔다. 전통 시대 동아시아의 기록은 바로 한자·한문을 사용한 문화라고 할 수 있다.

한국의 전통문화는 역사적으로 누적되어 오면서 한국인이 형성한 문화다. 그중 전통 기록유산은 다시 말해 한자·한문 기반의 문화라고도 할 수 있다. 한자는 삼국 시대 때부터 중국으로부터 들어오면서 사용되었고, 우리의 독자적인 문화로 발전시켰다. 한국의 근대 이전의 문화적인 권역은 동아시아 한문 문화권이다. 물론 한자·한문으로 기록된 유산 외에도 언문 소설, 시가, 구비 전승, 무속에 관련된 내용도 있다. 그러나 한자·한문은 근대 이전 동아시아의 보편적 언어·문자로서 조선 지식인들의 문자로 사용되었고, 그들의 이념인 유교에 관한 내용을 학습하고 기록하였다.

이러한 이유로 현존하는 전통 기록유산의 대다수는 조선 시대에 남겨진 기록들이다. 기록을 남긴 주체는 주로 조선의 지식인, 유교 경전을 익힌 사람들이다. 조선의 지식인들도 유교 경전을 공부하기 위해 한자 · 한문을 연마하였다. 조선 시대 지식인들의 학습 목표는 한자로 기술된 유교 경전을 해석하기 위함이었다. 즉 한자 · 한문의 해독을 위해서는 많은 학습 시간이 필요하다는 것이다.

현재 우리는 조선 시대 지식인들처럼 유교 경전을 익히기 위해 한자 · 한문을 학습하는 것은 필수가 아니다. 과거 한자 · 한문 학습에 주로 시간을 사용했던 이들이 남긴 기록들을 현대의 우리가 해석하기에는 쉽지 않다. 기록된 문자에 대한 학습이 되지 않았기 때문이다. 전통 기록유산에 대해 대중이 직접적으로 접근하는 것이 아니라 관련 연구를 진행하는 소수의 연구진에 의해 전통 기록유산 연구와 번역이 진행되며, 그 결과물을 대중이 접근할 수 있는 구조다.

이처럼 전통 시대의 지식의 향유는 그 기본이 되는 문자가 주로 한자였고, 한자를 사용한 글쓰기와 한자로 기술된 유교 경전의 해독 등을 교육받았다. 이러한 교육은 양반 남성의 전유물이었다. 그러나 시대가 변하면서 더 이상 유교가 지식의 정점인 시대가 아니다. 한글 사용의 보편화로 이전보다 쉽게 지식이 유통되고 공유된다. 또한 한자 교육보다는 영어 교육이 중요시된 시대다. 한자는 점차 사어(死語)가 되었고, 소수의 인문학 연구자만이 연구에서 다루는 자료가 되었다.

기록유산에 적힌 내용을 해석할 수 있는 관련 번역가 또는 관련 학문을 연구하는 연구자가 아닌 이상 한자로 기록된 자료들은 일반인들이 쉽게 접근하지 못하는 것이다. 과거와 마찬가지로 전통 기록유산에 대한 향유는 소수의 연구자로 국한되었다고도 볼 수 있다.

물론 연구자들의 연구 결과는 대중화로 이어지기는 하지만 상당한 시간이 소요된다. 전통 기록유산은 기록의 소중함에 대해 모두 동의하는 부분이다. 그러나 관련 지식 문화의 공유는 현재까지도 한자 · 한문을 학습한 소수의 연구진에 의해 진행되고 있다고도 할 수 있다. 또한 과거에도 그랬지만 현대에도 한자 · 한문을 익히는 과정은 길다. 긴 학습 과정을 거친 번역 · 연구자들은 긴 시간을 통해 번역과 연구를 진행한다.

그런데 인공지능(AI)의 등장으로 번역에도 변화가 일어났다. 4차 산업 혁명 시대가 시작되면서 인공지능, 사물인터넷, 빅데이터, 모바일 등 첨단 정보통신기술이 경제 · 사회 전반에 융합되어 혁신적인 변화가 시작된 것이다.

기계 번역 분야도 인공지능을 활용하면서 눈에 띄게 발전했다. 기계 번역의 발달은 인간이 특화된 기계를 통해 모국어가 아닌 이종(異種) 언어로 기록된 지식을 자기화할 가능성을 확대했다는 의미가 있다. 이종 언어에 대한 접근이 자유로워지면서 지식을 습득하는 경로도 넓어진다. 기계를 통해 지식을 습득하는 데 장애가 되던 이종 언어 간의 교환 문제를 쉽게 해결할 수 있게 되었다.

영어와 일본어, 중국어 등 현대에 사용되는 언어의 번역에 비해 전통 시대 기록 문자인 한자 · 한문 번역은 최근에서나 본격적으로 진행되었다. 이유는 전통 시대 쓰던 한자 · 한문은 고전어로서 사어(死語)다. 즉 현재 사용되는 문자가 아니기 때문에 필요성이 다른 언어 번역에 비해 부각되지 않았다.

그런데 일부 전문가의 영역으로만 취급되던 한자 · 한문 번역도 인공지능을 활용한 기계 번역 가능성을 보였다. 현재까지는 한자 · 한문 영역의 번역은 대중적으로 활성화까지는 아니지만 일부 연구자들은 인공지능 번역을 활용하여 초벌 번역 진행하기도 하며 번역 작업의 속도를 높이는 추세다. 번역 · 연구의 효율성을 높이기 위해 인공지능 번역 프로그램을 유익하게 사용하게 된 것이다.

전통 기록유산의 대중화와 보급이라는 측면에서 한글 번역 속도의 증가는 콘텐츠 개발 확산이라는 측면과 연결된다. 그동안 한글 번역을 제공하는 조선왕조실록 DB는 학계는 물론이고 콘텐츠로서 좋은 소재를 제공해 주었다. 이는 역사 소재 드라마나 영화에서 조선 왕실을 소재로 제작된 작품들이 압도적 수를 차지한 사실과 세계적으로 성공한 콘텐츠인 드라마 〈대장금〉(2003)이나 〈킹덤〉(2019), 영화 〈올빼미〉(2022) 등은 조선왕조실록 DB를 통해 소재를 발굴했다는 점에서도 알 수 있다(강민경, 2022.10.7). 또한 역사 소재 드라마는 1980년대 왕실 중심의 정치사에서 여성 판타지의 충족이나 현대인에게 친숙하도록 서사를 부여하는 등 등장인물과 소재가 다양해지고 있다(최지운, 2019). 최근 흥행에 성공한 영화 〈파묘〉(2024)는 한국 오컬트 영화 최초로 천만 관객을 돌파했다. 〈파묘〉는 한국과 일본의 무속 신앙을 소재로 만들었는데, 전통 소재가 갖는 익숙함이 전 세대에게 매력적으로 다가가는 힘이 되었다.

규장각한국학연구원, 한국학중앙연구원, 한국국학진흥원 등 조선 시대 기록 자료를 소장한 기관에서는 조선 시대 일상에 대해 중요한 소재가 되는 당시의 일기 자료와 고문서 등을 다량으로 소장하고 있다. 다만 한글로 번역된 자료가 많지 않다는 문제가 있다. 한자・한문을 번역할 줄 아는 전문가가 아닌 이상, 자료를 자유롭게 이용하기에는 한계가 있다. 이러한 문제는 지금도 고문헌이 대중문화로 거듭나기 어렵게 하는 장애물이다.

일반 대중도 고문헌에 대한 빠른 번역이 가능하다면 고문헌이 지닌 문화유산으로서의 가치 활용에 큰 도움이 될 것이다. 한자・한문의 가치는 20세기 이전, 동아시아 한자 문화권의 국가에서 공적으로 사용된 문자로 전통 기록유산의 근간이 된다. 근대화 이후, 서양 문물의 도입과 과학기술의 우선시로 지금은 창작 기능을 상실한 죽은 언어이지만 현재 우리가 사용하는 언어에 끼친 영향이 크며, 모든 기록물의 주된 표기 체계였다는 사실은 부정할 수 없다. 이는 한문이 사어인 동시에 원천언어이자 매개 언어, 문화 언어의 성격을 지닌 독특한 언어로, 한문으로 기록된 고문헌이 현재에도 가치가 있는 대상으로 여겨지는 이유다(배은한 외, 2019).

고문헌은 역사적 가치를 내포하고 있는 자료다. 고문헌은 한자・한문이라는 장벽을 넘으면 다양한 콘텐츠로 활용될 수 있다. 세계적으로 주목받는 K-콘텐츠는 한국 아이돌이다. 인기 아이돌이 한국의 전통 복식인 한복을

재해석하여 무대의상으로 착용하기도 했는데, 이에 대한 전 세계 팬들은 긍정적 반응이 대다수였다(최영현 외, 2020). 또한 한국 역사를 다룬 OTT 드라마도 흥행에 성공하는 사례에서 보듯 우리의 콘텐츠 산업에서 우리 전통 소재는 흥행을 담보하는 소재라고도 할 수 있으므로 우리의 전통 기록유산에서 소재 발굴과 개발에 더욱 힘을 쏟아야 한다.

우리는 수많은 전통 기록 자료를 보유한 나라다. 이 기록들은 국가의 기록부터 민간의 기록까지 기록의 주체부터 유형까지 다양하다. 이러한 자료들은 콘텐츠로 활용할 수 있는 유용한 자료지만 한문으로 기록된 탓에 일반인들의 접근이 아직 어렵다. 지금보다 빠른 번역이 가능하다면 다양한 콘텐츠로 개발될 가능성이 큰 자료들이다. 이처럼 고문헌의 대중화를 위한 활용 방안을 모색하는 데 인공지능을 활용한 고문헌 자동 번역 프로그램은 가장 중요한 인프라 사업이다.

한자 · 한문은 전통 시대에는 지식인들이 사용하는 전문 문자였다. 그러나 근대 이후 한자 · 한문 기반의 유교 이념에서 서구의 과학기술이 중시되는 시대로 변하면서 더 이상 한자 · 한문을 학습하지 않게 되었다. 전통 시대 지식인의 주요 언어였던 한자 · 한문은 근대 이후에는 중요한 지식 언어가 되지 못했고, 곧 지식인뿐 아니라 대중도 사용하지 않는 언어가 되어 버리면서 현재에도 소수만이 볼 수 있는 문화 원천이 되었다.

그렇지만 고문헌은 우리말로 번역만 된다면 콘텐츠 시장에서 환영받는 자료다. 고문헌은 문화 산업에서 무궁무진한 활용 가치를 지니고 있다. 그렇지만 고문헌을 직접 볼 수 있는지, 데이터베이스로 구축되었더라도 번역이 되지 않는다면 이용에 제약이 생긴다.

조선은 기록의 나라라는 별칭에서 알 수 있듯이 현존하는 고문헌은 우리의 자랑스러운 기록유산이며, 방대하게 남은 우리의 기록이다. 고문헌이라는 1차 콘텐츠에 대해 누구나 이용할 수 있는 획기적인 이용 전기를 제공한다면 각 분야에서 파생 콘텐츠 생산을 유도할 수 있다.

이러한 획기적 이용 전기는 바로 인공지능을 활용한 고문헌 자동 번역 프로그램 개발이다. 우리의 전통 기록유산인 고문헌에 인공지능을 포함한 최신 정보통신기술(ICT)을 접목하여 현대적이고 실용적인 이용을 가능하게 하는 것이다.

인공지능을 활용한 고문헌의 대중화는 고문헌이 지닌 지식의 가치가 대중적으로 퍼져 나가는 것을 의미한다. 한자 · 한문이라는 장벽을 인공지능 번역 프로그램을 통해 현대 한글로 빠르게 번역할 수 있게 함으로써 대중에게 쉽게 다가갈 수 있도록 하는 것이다.

인공지능을 활용한 한문 고문헌의 번역은 한문의 대중화에 긍정적인 영향을 미칠 것이다. 기술적 발전은 한문 자료의 접근성을 획기적으로 높이며, 이는 교육, 문화유산 보존, 언어학적 연구에 크게 기여할 것으로 예상된다. 이러한 전망은 한문 고문헌 번역 프로그램 개발의 중요성을 부각하며, 이 분야에 대한 연구와 투자의 필요성을 강조한다.

고문헌의 대중화를 위해서는 고문헌 번역을 위한 인공지능 활용 프로그램 개발에 적극적으로 투자하여 국가 경쟁력을 강화할 필요가 있다. 고문헌의 대중화는 이러한 문화 산업의 개발을 통한 국가 경쟁력 향상과도 연관될 만큼 중요한 사안이기 때문이다. 중국의 경우 2006년부터 고적 전산화 사업을 진행하고 있다. 중국의 고적 전산화는 디지털 인프라 구축에서 가장 중요한 사업으로 정책의 목적이 '중국 고적 보호'와 같은 중국 내 문화유산 보호의 측면에서 '중국 문화 개혁', '우수한 중국 전통문화의 지속적인 발전', '중국 소프트파워 증진'과 같은 국가 경쟁력 강화를 위한 측면으로 확대되어 가고 있다. 이처럼 중국의 고문헌 관련 디지털 인프라 구축 사업은 발표하는 정책마다 중국 문화의 역사적 기원을 밝히고 우수한 중국 문화를 계승·발전시켜야 함을 일관되게 강조하고 있다. 이것이 중국의 특색 있는 문화를 만들어 가는 방법이며 곧 중국의 국가 경쟁력과도 밀접한 관계가 있다고 말한다. 자국의 고전과 역사가 현재의 국가 경쟁력 강화에 필요하다는 견해는 한국의 고문헌 필요성과 역할에 대해 논할 때 좋은 참고가 될 수 있다(최지연, 2022).

4차 산업 시대가 본격적으로 시작되면서 하루가 멀게 신기술이 쏟아지고 있다. 비약적으로 발전을 거듭하는 최신 ICT 기술은 시간, 공간, 의식 등에 영향을 끼치며 우리의 일상생활도 빠르게 변화시키는 중이다. 그렇지만 최신 ICT 기술의 발전과는 별개로 우리의 고문헌 활용은 진전이 빠르게 진행되지는 못하고 있다.

한자·한문으로 기술된 고문헌의 대중화를 위해서는 한글 번역이 우선되어야 한다. 하지만 현재도 고문헌에 대한 활용은 단순 원본 스캐닝을 통한 보존 작업에만 머무르고 있다. 고문헌이 갖는 무궁무진한 가능성을 생각한다면 번역이라는 장벽을 빨리 넘어야 한다. 디지털화를 위한 스캔과 텍스트 변환, 그리고 번역이 지금보다 빨리 진행된다면 지금보다 많은 사람들이 고문헌의 가치를 활용할 수 있게 된다.

AI와 고문헌을 이해하기 위한 10개의 아이템은 고문헌의 특징과 디지털화 작업 상황, AI를 활용한 고문헌 자동번역 프로그램 개발 시 파급될 수 있는 효과를 중심으로 선정했다.

우리의 소중한 기록유산인 고문헌은 방대한 자료가 남아있다. 지금, 이 자료에 대한 번역을 현재의 방식으로 진행한다면 수백 년이 걸릴 것이라는 예상도 있다. 시간과 인력이 막대하게 드는 작업이다. 최근 ICT의 발전과 인공지능을 활용한 빠른 번역의 가능성은 다른 언어의 번역을 통해 확인되었다. 한자 · 한문으로 기술된 우리 고문헌도 인공지능을 활용한 번역 프로그램의 개발로 더 이상 소수만 접근할 수 있는 자료가 아닌, 대중이 쉽게 접근할 수 있게 될 것이다. 이는 고문헌의 가치가 대중이 향유할 수 있는 문화로 거듭날 수 있는 첫 번째 변화다.

우리의 전통문화는 급격한 근대화 과정으로 전통에 대한 가치는 옛것이라고 치부하던 시절에서 지금은 문화콘텐츠의 원천 자료로서 가장 매력적인 소재라고 평가받고 있다. 아직 알려지지 않은 고문헌 속에는 발굴할 수 있는 잠재된 콘텐츠가 있다. 인공지능을 활용한 번역 프로그램은 고문헌의 번역이라는 과제를 해결하고, 고문헌이 갖는 가치를 미래 세대에게 전달하는 중요한 역할을 할 것이다.

참고문헌

강민경(2022.10.7). 유해진·류준열 '올빼미', 한 줄의 역사적 미스터리+상상력…'킹덤'·'광해' 이을까. ≪텐아시아≫, https://tenasia.hankyung.com/article/2022100721324

배은한 외(2019). 한문고전 인공지능 번역 연구의 필요성과 선결 과제. ≪한문학논집≫, 39-54쪽.

최영현 외(2020). K-POP 아이돌 그룹 신한복 스타일에 대한 글로벌 반응: 블랙핑크 패션 사례, ≪디지털융복합연구≫, 533-541쪽.

최지연(2022). 중국의 동양고전 관련 디지털인문학 현황 – 정책, 성과, 교육을 중심으로. ≪한문교육논집≫, 521-553쪽.

최지운(2019). 2010년대 TV사극의 캐릭터 구현 전략: 〈추노〉, 〈뿌리 깊은 나무〉, 〈구르미 그린 달빛〉을 중심으로. ≪인문콘텐츠≫, 51-71쪽.

한국국학진흥원. 일기 자료 아카이브 선인들의 일상생활, 일기. https://diary.ugyo.net/

한국국학진흥원. 고문서 아카이브 옛 일상 속 인간관계, 고문서. https://doc.ugyo.net/

01
자동 번역의 후발주자

최근 비약적으로 발전하는 최신 기술들 속에서 고문헌의 자동 번역은 어느 지점에 와 있을까. AI를 활용한 자동 번역은 수백 개의 언어를 지원하며 계속해서 발전하고 있지만 고문헌의 기본 문자인 한문에 대한 번역은 다른 언어에 비해 상용화되지 못한 실정이다. 뒤늦은 출발이지만 최근 고문헌을 소장한 연구 기관과 대학 연구소에서 고문헌 자동 번역 프로그램을 개발 중이다.

AI와 1인 창업?

비약적으로 발전하는 기술, 그렇지 못한 한문 번역

최근 비약적으로 발전하는 최신 기술들은 사람들의 시간, 공간, 의식, 경험 등 모든 것을 바꿔 나가고 있다. AI(인공지능), IoT(사물인터넷), 로봇기술, VR(가상현실) 등의 기술이 상용화되며, 일상생활을 다방면에서 혁신적으로 변화시키고 있다.

특히 자동 번역 분야에서 발달된 AI 기술의 활용은 급속한 발전을 가져왔다. 자동 번역 기술은 자연어 처리와 기계학습 기술을 결합하여 다양한 언어 간의 텍스트와 음성을 실시간으로 번역하는 시스템을 의미한다. AI를 활용한 신경망 기계 번역(NMT)과 트랜스포머(Transformer) 모델을, 자연어 처리(NLP)를 주요 기술로 하며, 딥러닝 알고리즘과 대규모 언어 데이터세트를 활용하여 번역의 정확도가 크게 향상되었다. 번역 엔진은 문맥을 이해하고, 문장 구조를 분석하여 더 자연스러운 번역을 제공하기도 한다. 또한 다양한 언어를 지원하며, 모바일 앱을 통한 접근성의 증대로 사용자는 손쉽게 텍스트를 입력하고 그 번역 결과를 확인할 수 있다. 그 결과 자동 번역 기술의 발전은 다른 언어 간의 소통, 언어 장벽을 허무는 데 크게 기여하고 있다.

AI를 활용한 자동 번역은 수백 개의 언어를 지원하며 계속해서 새로운 언어를 추가하고 있지만 우리의 전통 기록 자료인 고문헌의 기본 문자인 한문에 대한 번역 프로그램은 다른 언어에 비해 상용화되지 못한 실정이다.

그 이유는 우리 고문헌에 적힌 한문은 현대 언어와는 다른 구조와 특성이 있기 때문이다. 기본적으로 고문헌의 한자는 표의문자로, 한자로 쓴 한문은 간결하고 함축적인 특징이 있다. 이러한 점은 현대 언어의 문장 구조와 다르며, 자동 번역 시스템이 문맥을 이해하고 번역하는 데 어려움으로 작용한다.

인공지능을 활용한 기계 번역이라도 높은 수준의 번역 품질을 확보하기 위해서는 이중 언어 병렬 코퍼스가 최소 수백 만 쌍이 구축되어 있어야 하고, 높은 성능을 위해서는 최소 수천 만 쌍이 필요하다. 그러나 우리 고문헌의 텍스트는 충분한 양의 주석 코퍼스도 구축되지 못했을 뿐만 아니라 한문-한국어 병렬 코퍼스도 구축되지 못하고 있는 실정이다. 또한 일반 코퍼스의 경우에는 부족한 분야의 자료를 추가하거나 새로운 자료를 더하여 더 큰 코퍼스로 확대하는 것이 가능하지만 한문학 텍스트 코퍼스의 경우에는 새로운 자료를 추가하거나 확보하는 것도 쉽지 않다. 또한 구축된 한문- 한국어 병렬 코퍼스의 경우에도 번역가마다 다른 전문용어를 사용하여 번역문 또한 일관성을 지니지 못하고 있고, 현대어와 고어의 용어가 혼재되어 있는 점, 언어학적인 분석 단위로 구분하지 않고 있다는 점도 문제점으로 지적된다(정성훈, 2019).

고문헌 번역 프로그램 개발 현황

현재 고문헌 번역 프로그램은 연구 기관과 대학의 연구소 중심으로 개발 중이다. 대표적으로 한국고전번역원의 '한문 고전 자동 번역', 경북대학교의 '한국 초서체 고문헌 인공지능 번역 검색 시스템', 고려대학교 NLP&AI 연구실의 '고문헌 인공지능 번역 플랫폼'이 있다.

그중 대중적으로 이용할 수 있는 서비스는 한국고전번역원의 '한문고전자동번역(http://aitr.itkc.or.kr/)'이다. '한문고전자동번역'은 인공신경망 기반의 자동 번역 기술(Neural Machine Translation, NMT)을 적용하여 '승정원일기' 원문과 '천문고전' 원문을 대상으로 자동 번역 결과를 제공하고 있다.

한국고전번역원의 한문고전자동번역 서비스는 과학기술정보통신부와 한국지능정보사회진흥원의 지원으로 2017년 5월부터 3개년 사업으로 진행된 사업의 결과물이다. 2019년에는 한국천문연구원과 공동으로 천문 고전 원문에 대해서도 자동 번역 서비스를 개발하여 최종적으로는 『승정원일기』와 천문고전에 대한 번역 서비스를 제공하고 있다. 국사편찬위원회가 제공한 승정원일기 원문 데이터와 한국고전번역원이 번역한 인조 대, 영조 대, 고종 대 『승정원일기』 번역문을 정제하여 120건의 학습 데이터를 구축하였다.

당시 최신 기술이었던 인공신경망 기계 번역 기술 중 순환신경망학습기술(RNN)의 딥러닝 알고리즘을 적용하여, 『승정원일기』 자동 번역 모델을 개발하였으며, 현재 한국고전종합DB에서 대국민 서비스를 제공하고 있다. 한국고전번역원에서 제공하는 자동 번역 서비스가 특정 자료 번역에 제한된다는 한계는 있으나, 고전문헌에 대한 자동 번역의 가능성을 입증하였다는 점은 큰 성과라고 볼 수 있다(한국고전번역원 고전정보센터, 2021).

경북대학교의 한국 초서체 고문헌 인공지능 번역 검색 시스템은 국내에서 최초 시도된 인공지능 기반 초서체 이미지 문자 인식 및 자동 번역을 개발하였다는 점에서 의미가 있다. 구축된 데이터베이스의 조회와 초서체 문자 인식 및 자동 번역 시스템은 웹서비스로 제공하였다.

고려대학교 NLP&AI 연구실에서 개발한 고문헌 인공지능 번역 플랫폼은 『조선왕조실록(朝鮮王朝實錄)』과 『승정원일기(承政院日記)』를 원천 데이터로 하여 국사편찬위원회의 한자 원문 텍스트와 한국고전번역원의 한글 번역문으로 5만2천여 건의 딥러닝용 병렬 코퍼스를 구축하여 LSTM(Long Short-Term Memory) 어텐션(Attention)과 트랜스포머(Transformer) 기반의 고문헌 NMT 모델을 개발하였다. 개발된 자동 번역 모델은 웹서비스로 제공하고 있다(박찬준 외, 2020).

한국국학진흥원에서는 2022년부터 문자 인식(OCR)부터 문장 분절과 자동 번역까지 일련의 프로그램 개발을 시작했다. AI를 활용한 문자 인식→문장 분절→자동 번역까지 일련의 프로그램 개발은 국내에서 최초로 개발을 시도한 것이다.

2022~2023년도의 사업 결과에 따라 한국국학진흥원 사이트를 통해 고문헌 이미지를 빠르게 디지털 텍스트로 전환할 수 있는 고도서 한자 인식 프로그램(https://ocr.ugyo.net/ocr/)과 고문헌 텍스트에 대한 자동 띄어쓰기를 제공하는 고문헌 자동 문장 분절 프로그램을 제공하고 있다(https://ocr.ugyo.net/space/). 고문헌의 한

문을 한글로 번역해 주는 프로그램도 조만간 공개할 예정이다.

AI를 이용한 고문헌 자동 번역 프로그램 개발은 디지털 텍스트 확보에 소요되는 인력과 시간, 비용을 절감할 수 있으며, AI를 통한 자동 번역 프로그램은 놀라운 속도로 초벌 번역 결과를 제공할 수 있으므로 원문을 해독할 수 있는 시간을 단축할 수 있다.

AI 기술을 활용한 고문헌 해독 시스템에 대해서는 인식률이나, 번역의 정확도에서 한계가 있다는 평가와 이용자층을 확보하기 어렵다는 견해도 존재한다. 그러나 고문헌의 대중화를 위해서 '한자'로 기술된 옛 자료들의 번역은 필수다. 고문헌의 디지털 이미지와 텍스트라도 확보가 된다면 관련 연구를 보다 활성화할 수 있다. 또한 한글 번역이 된 고문헌 자료는 대중이 편리하게 이용할 수 있다. 한문이라는 언어는 현대 우리의 일상적 언어와 다르기 때문에 이해하기 어렵다. 누구나 쉽게 한글로 번역할 수 있도록 프로그램이 제공된다면 일반 대중이 더 쉽게 접근할 수 있고, 전통문화와 역사에 대한 이해와 관심을 증진할 수 있다. 이러한 점은 고문헌에 대한 번역 프로그램이 개발되어야 하는 중요한 이유다.

참고문헌

고도서 한자 인식 프로그램: https://ocr.ugyo.net/ocr/
고문헌 자동 문장 분절 프로그램: https://ocr.ugyo.net/space/
박찬준 외(2020). Ancient Korean Neural Machine Translation. ≪IEEE ACCESS≫.
정성훈(2019). 언어학과 기계 번역 - 한문학 텍스트의 기계 번역과 관련하여 - . ≪근역한문학회≫, 7-38쪽.
한국고전번역원 고전정보센터(2021). [특집논문] 한국고전종합DB 구축의 성과와 과제. ≪民族文化≫, 7-57쪽.
한문고전자동번역: http://aitr.itkc.or.kr/

02
한국의 고문헌

고문헌은 현대적인 성격의 문헌과는 다른 형태와 내용을 담고 있는 자료다. 고문헌의 개념은 일반적으로 고서에 제한되어 쓰이지만 넓게는 고서, 고문서 등을 포함한다. 한국의 고문헌은 우리의 독자성을 가미하여 독특하게 발전시키면서 생산해 왔으며, 1960년대 이후 기관 차원에서 수집 및 보존 작업을 시작하였다.

AI와 MBTI?

고문헌이란 무엇인가

고문헌(古文獻)은 현대적인 성격의 문헌과는 다른 형태와 내용을 담고 있는 자료를 말한다. 고문헌의 개념은 일반적으로 고서에 제한되어 쓰이지만 넓은 개념으로는 고서, 고문서, 기타 자료들을 포함한다. 그중 고서의 동의어로는 고전(古典), 전적(典籍), 고적(古籍), 고본(古本) 등이 있다. 고전은 보통 한나라나 시대를 대표하는 예술 작품을 일컫지만, 여기서는 뒷날에 남을 만한 옛 서적을 뜻한다. 전적은 책 중의 귀한 책으로 여기는 등급이 있다. 첫째, 희귀본으로서 드물게 볼 수 있는 책, 둘째, 귀중본으로서 중요한 문화재로 여기는 책, 셋째, 보물로서 공식적인 가치가 인정되는 책, 넷째는 국보로서 고서 중에서는 최고의 가치를 인정받는 책이다. 고문서의 동의어로서는 문권(文券), 문계(文契), 문기(文記)가 있다. 문권은 토지문서, 노비문서, 공문서 등에 쓰이는 용어고, 문계는 차용증서와 노비문서, 문기는 노비와 재산의 증급에 관한 문서에 주로 쓰인다. 이들 문서는 주로 사문서의 개념이고, 관청이나 공적인 입장에서 발급하는 문서는 공문, 또는 관문서라고 하였다(최승희, 1981).

또한 고문서는 '주고받는 당사자가 있고 법적인 효력이 다하여 과거의 것이 된 낱장 자료'라는 학문적 개념과 같이 당시의 사회적 관계망을 보여 주는 자료이기도 하다(최연숙, 2022).

한국의 고문헌은 중국의 학술과 사상을 받아들인 것도 적지 않지만, 한편 이를 배경으로 우리의 독자적인 학술과 사상을 형성시킨 것도 적지 않다. 우리의 독자성을 가미하여 독특하게 발전시키면서 생산해 왔기 때문에 한국의 고문헌이라는 개념을 뚜렷하게 형성시켰다(강순애, 1997).

고문헌의 수집과 보존

1960년대 이후 전통문화유산을 보존하자는 시대적 요구가 대두되었고, 고문헌도 기관 차원의 정리 작업이 신속히 진행되었다. 국립중앙도서관, 서울대학교 규장각한국학연구원 등 서울의 대표 도서관과 대학 연구원에서 본격적으로 정리를 시작하였다. 이후 고문헌에 대한 연구가 활발해지고 가치 발굴에 대한 사회 전반의 관심이 증가하면서 수집 기관이 전국 각지에 생겨났다.

국립중앙도서관은 국가가 관리의 주체로, '대한민국의 지식문화유산을 전승하고 국민의 지적인 삶을 풍요롭게 하며 국가 및 사회의 문화 발전에 이바지한다'는 사명하에 '지식정보서비스 대표기관으로 도약'한다는 정책 목표를 가지고 운영하는 우리나라의 대표 도서관이다. 국립중앙도서관 소장 고문헌 중 26종 69책이 지정문화재로 지정되어 있다. 대표적으로, 태종 12년(1412)에 간행된 『십칠사찬고금통요(十七史纂古今通要)』 권17(계미자본) 1책과 광해군 5년(1613)에 간행된『동의보감(東醫寶鑑)』(내의원자본) 25책이 국보로 지정되어 있다(최연숙, 2022).

서울대학교 규장각한국학연구원은 조선 후기 왕립 학술기관이었던 규장각으로 기원이 올라간다. 1776년 정조(正祖)가 즉위한 직후 정식 국가기관으로 발족한 규장각은 역대 왕의 글 · 글씨 · 그림, 왕실의 족보와 국내외 전적(典籍)을 수집 · 보관하는 기능, 서적을 출판하는 기능을 담당하였다. 1910년 일제의 강제병합으로 규장각은 폐지되고, 1923년 경성제국대학(京城帝國大學) 설립 후 규장각 도서를 이관하였다. 1946년 서울대학교가 개교하면서 규장각 도서는 서울대학교에서 관리하였으며, 1960년대에 들어서서야 규장각 도서에 대한 본격적인 정리 작업이 시작되었다. 2006년 서울대학교 한국문화연구소와 서울대학교 규장각이 '규장각한국학연구원'으로 통합되어 연구 · 출판 · 교육 · 보급 등의 사업을 보다 종합적이고 효율적으로 수행할 수 있는 기반이 마련되어 지금에 이르고 있다. 소장 자료 중 『조선왕조실록(朝鮮王朝實錄)』 정족산사고본(鼎足山史庫本) 1,187책, 『승정원일기(承政院日記)』 3,243책 등 7,175점이 국보로 지정되었다(규장각한국학연구원).

한국학중앙연구원 장서각은 1978년 개원 이래 고문서의 조사 수집과 정리, 연구, 인력 양성에 앞장서는 대표적인 한국학 연구 기관이다. 장서각은 "조선 왕실에서 소장하던 귀중한 고문헌들을 수집 · 관리하는 도서관이자 연구소다. 조선의 궁궐에서 보관하던 12만여 책의 왕실 도서와 전국에서 수집한 민간 고문헌 6만여 점을 소장하고 있으며, 한국학 자료의 집적(集積)과 연구의 중추 기능을 수행하고 있다. 특히 멸실의 위기에 있는 민간 고문헌을 수집하여 과학적 보존을 통해 되살림으로써 한국사의 종합적 연구를 지향하고 있다"고 밝히고 있다. 장서각은 1442년(세종 24)에 간행된 『통감속편(通鑑續編)』, 1447년(세종 29) 간행된 『월인천강지곡(月印千江之曲)』 등 다량의 국보와 보물 등 기록유산을 보유하고 있다(최연숙, 2022).

한국국학진흥원은 한국의 전통문화와 학문을 보존하고 연구하기 위해 설립된 기관이다. 한국국학진흥원은 2001년 10월에 개관하였고 본격적인 국학 자료의 조사와 수집 활동을 시작하였다. 한국국학진흥원의 설립 초기 최우선 과제는 멸실되어가는 자료의 조사와 수집이었다. 한국국학진흥원이 위치한 경상북도 안동은 조선시대 유학의 전통과 가치에 대해서 상당한 이해가 있는 지역이다. 이와 같은 지역 분위기는 설립 20여 년이 지난 현재 64만 점(2024년 1월 31일 기준)에 가까운 국학자료를 수장한 기관으로 성장할 수 있는 원동력이 되기도 했다(최연숙, 2015). 한국국학진흥원이 소장한 기록유산 중 유교책판 718종 64,226점과 국채보상운동 52점이 유네스코 세계기록유산으로 등재되었다.

고문서 판독의 어려움

고문헌을 수집하고 보존하는 작업은 꾸준히 진행되어왔지만 번역이라는 벽에 막혀 있다. 특히 고문서 판독이 큰 어려움이다.

고문서 판독이 어려운 이유는 오랜 세월로 인해 손상되거나 마모되어 텍스트를 읽기 어렵게 만든 이유도 있지만 초서체라고 하는 흐리거나 간략화된 서체로 쓰여 초서 전문가가 아닌 일반인이 읽고 해석하기 어렵기 때문이다.

고문헌에서 초서가 차지하는 비율이 큰 것은 아니다.

한국국학진흥원 소장(2021) 고도서 기준으로 해서체로 제작된 비율이 약 91%로 추정되며, 해서체와 유사한 행서체까지 포함한다면 비율은 약 99%가 된다. 따라서 고도서의 대부분은 해서체와 행서체로 제작된 것으로 추론 가능하며, 글자 수 기준으로 고도서가 전체 고문헌의 99.78% 정도를 차지하므로 해서체와 행서체가 전체 고문헌의 대부분을 차지하는 서체로 볼 수 있다.

그러나 고문헌 중 민간의 기록인 개인의 일기, 고문서 등의 자료는 행서와 초서의 결합인 행초서, 혹은 초서로 이루어져 있다. 이러한 필체들은 실용성과 편리함에 따라 발전된 서체들이다. 초서의 경우 예서의 필획을 간소화하였고, 두 글자 이상 혹은 여러 글자를 이어서 쓸 수 있는 구속받지 않는 서체로서 자연스럽게 변화되어 왔다. 또한 초서는 실용적 목적으로 발생된 것이지만 그 속에 문자와 관련된 심미 추구의 기능성을 갖고 있으며, 일종의 예술 사조로 보기도 한다. 이러한 이유로 초서는 예술적 경지를 추구하여 기존의 법도에서 벗어나는 방향으로 발전되었고, 문인들의 이상이 예술적으로 반영된 서체이기도 하다(문경희, 2009).

이처럼 초서로 기록된 필사본은 간결함과 연결성이 두드러진 특징이 있어 판독이 어렵다. 해서체가 일점일획을 정확히 독립시켜 쓴 서체로 판독이 쉬운 반면에 초서는 생략과 연결, 글자 크기와 간격 등이 일정하지 않다는 점에서 초서를 오랜 시간 익힌 전문가가 아닌 이상 판독에 어려움을 겪는다.

초서의 탈초는 글자 크기의 다양성, 글자 간 간격의 불규칙성, 글자와 글자를 연결하는 허획 등으로 인해 글자를 특정하는 것이 어렵다. 또한 같은 글자의 다른 형태나, 같은 형태의 다른 글자가 있다는 점도 탈초의 어려움으로 꼽힌다. 이러한 이유로 탈초는 전문 교육을 받은 소수의 전문가만이 접근 가능한 자료가 되었다.

참고문헌

강순애(1997). 한국 고문헌 정보시스템의 구축 및 전망. ≪한국문헌정보학회지≫, 83-112쪽.

국립중앙도서관, https://www.nl.go.kr/

규장각한국학연구원, https://kyu.snu.ac.kr/

문경희(2009). 왕희지 초서의 예술성에 대한 고찰. ≪서예학연구≫, 47-82쪽.

최승희(1981). 《韓國古文書研究》. 韓國精神文化研究院.

최연숙(2015). 한국국학진흥원 소장 고문서의 체계적 정리와 활용을 위한 제언. ≪남도문화연구≫, 127-157쪽.

최연숙(2022). 전근대 고문서 소장 현황과 문화적 활용에 대한 제언 - 국립중앙도서관, 규장각한국학연구원, 한국학중앙연구원 장서각, 한국국학진흥원을 중심으로 -. ≪고문서연구≫,

99-133쪽.
한국국학진흥원, https://www.koreastudy.or.kr/
한국학중앙연구원 장서각, https://jsg.aks.ac.kr/

03
한국의 고문헌 디지털화

한국의 고문헌은 과거로부터 전해 내려오는 시간의 조각들이다. 이러한 문헌 속에는 조상들의 지혜와 역사, 그리고 잊힌 이야기들이 숨어 있다. 오늘날 첨단 기술을 통해 이 숨겨진 보물들을 다시금 세상에 드러내고 있다. AI를 활용한 디지털 아카이빙과 번역 기술은 고문헌의 새로운 가치를 발굴하는 데 중요한 역할을 하고 있다.

AI와 난임 극복?

국내 고문헌 관련 서비스 현황

한국의 고문헌들은 오랜 세월을 거치며 쌓인 지혜와 역사의 흔적들이 고스란히 담겨 있어, 그 가치는 이루 말할 수 없을 정도다. 이처럼 귀중한 고문헌은 그 보존성을 제고할 경우, 고문헌은 수장고 속에 넣어 두고 연구나 콘텐츠로의 활용을 제한하는 것이 최선의 방법이다. 보존성을 높이기 위해서는 활용을 최소화해야 하며, 자료를 활용하는 과정에서는 훼손이 일어날 수밖에 없기 때문이다. 특히 지류 중심의 고문헌은 이와 같은 딜레마에 빠질 수밖에 없다. 그런데 이와 같은 딜레마를 동시에 해결할 수 있는 대안이 바로 자료의 '전산화'다. 지류 자료는 수장고에서 보존을 하고, 활용은 정보화된 자료를 가지고 할 수 있게 된 것이다. 특히 이러한 정보화는 인터넷 환경을 만나 마이크로필름과 같이 제한적 활용의 범주도 풀어 버렸다(이상호, 2015). 고문헌을 소장한 연구 기관을 중심으로 데이터베이스(DB)화를 진행했다.

대표적으로 국립중앙도서관, 한국학중앙연구원, 서울대학교 규장각한국학연구원, 한국국학진흥원, 한국고전번역원 등이 있다. 이들 기관은 수많은 고문헌을 디지털화하여, 이미지 자료, 디지털 텍스트, 번역문 등을 제공하고 있다. 이 자료들은 고문헌 AI 자동 번역 프로그램 개발에 중요한 베이스가 된다.

국내 고문헌의 디지털화는 1990년대 국내 컴퓨터 보급률이 급증하면서 시작되었다. 원본이나 영인·출간된 서적을 통해서만 접근·이용할 수 있었던 고문헌에 대해서도 컴퓨터를 통해 이용하고자 하는 시장 수요가 증가하면서 고문헌을 소장·연구하는 공공기관 등에서 디지털 고문헌 자료를 DB 형태로 개발하여 보급하는 서비스를 하기 시작했다. 1990년대 중후반까지만 하더라도 디지털 고문헌 자료를 이용하기 위해서 시디(CD, Compact Disc)에 저장하여 컴퓨터의 시디롬(CD-ROM)을 통해서 이용하는 것이 대량 디지털 고문헌 자료 이용의 시작이었다. 대표적으로 1995년 한국정신문화연구원(현 한국학중앙연구원)에서 개발한 사마방목 CD 타이틀 개발(한국데이터베이스진흥센터, 1997)과 1997년 문화체육부(현 문화체육관광부) 주관으로 민족문화추진회(현 한국고전번역원)와 세종대왕기념사업회 등이 원문만 1,800여 책에 한자 글자 수로는 5,300여만 자에 달하는 거질(巨帙) 사료인 조선왕조실록의 국역본 CD 타이틀을 개발한 것을 들 수 있다(한동림, 1995).

이후 지금까지 고문헌 DB 구축 사업은 정부 주도 대규모 고문헌 DB 구축 사업으로 진행되었다. 정부는

2002년 11월 1일부터 전자 정부를 출범시켰다. 이후 초고속 정보통신망을 통해 국가적으로 필요한 행정 정보 유통뿐 아니라 국가적으로 보존 및 이용 가치가 있는 학술 · 문화 또는 과학기술 등에 관한 자료까지도 지식정보라는 명칭으로 개념화하고, 유통되기 시작했다. 정부는 이러한 정보 인프라를 통해 유통할 정보의 축적을 위해 다양한 정보화 사업을 추진했는데, 바로 지식정보자원 관리 사업이다. 이 사업은 이후 국가 DB사업으로 명칭이 바뀌었는데, 원래 IMF사태로 발생한 대규모 실직자와 청년 실업자를 구제하기 위해 1999년부터 시작한 정보화 근로 사업에서부터 시작되었다. 국가 DB 사업은 기초 자료의 축적에 그치지 않고, 문화유산의 디지털화 및 보존이라는 보다 거시적인 목표도 동시에 지향하는 방향으로 추진되어 왔다. 그 결과 고전번역총서 등 연구자들이 애용하는 DB들이 구축되었다(양창진, 2014).

우리나라 역사 고문헌 데이터베이스의 특징은 국가 주도 사업으로 디지털화가 추진되어 보존적 측면이 강조되었으며, 구축된 자료의 신뢰도가 높다는 점이다. 또한 디지털 원문 이미지뿐만 아니라 대량의 원문 텍스트가 구축되어 검색의 효율과 활용 가치도 높다.

한국고전번역원은 2001년 "한국고전종합DB" 서비스

를 개시하여 9억여 자의 텍스트와 78만 면의 이미지, 500만 건의 메타데이터 등 방대한 규모의 한문고전문헌 자료를 제공하고 있다.

국사편찬위원회에서는 1989년 '정보화 추진 종합 발전계획'을 수립하여 사료의 효율적인 관리와 신속한 정보 제공 등에 대한 계획을 수립하였으며, 1997년 "한국사데이터베이스" 서비스를 개시하여 2022년 현재 101종, 848만여 건, 15억 1천만여 자의 자료를 제공하고 있다.

규장각 한국학연구원은 소장 자료로 고도서 182,252책, 고문서 51,584점, 책판 17,883점을 보유하고 있으며, 의궤, 지리지, 왕실문화도해사전 등 자료에 대해 독립된 웹서비스를 제공한다. 조선 시대 주요 역사 자료 원문이미지에 대해 국사편찬위원회, 한국고전번역원 등에 제공하고 있다.

한국학중앙연구원은 1999년부터 소장된 자료와 편찬 간행한 한국학 연구 성과를 기반으로 "한국학데이터베이스"를 구축해 왔다. 수집 · 소장 자료로 전체 자료량은 문헌 정보 70,109건, 이미지 정보 68,573건, 원문 텍스트 70,750건을 보유하고 있다. 2023년에는 한국학자료통합플랫폼을 서비스하기 시작했다. 이 플랫폼은 2000년부터 국사편찬위원회를 중심으로 역사 연구 기관 자료를 모아 통합 검색 서비스를 제공해 온 '한국역사정보통합시스템'을 계승 · 발전시키려는 취지에서 개발한 것으로 역사 분야에 국한되어 있던 한국역사정보통합시스템의 자료 범위를 넘어 한국학 전 분야로 확대하고 검색 서비스를 고도화하여 전문 연구자는 물론 학생과 일반인에 이르기까지 사용자 맞춤형 자료 검색 및 열람 서비스를 제공하고 있다.

국립중앙도서관은 2005년부터 서비스를 개시한 "한국고문헌종합목록"에서 2022년 기준 국내외 134개 기관(국내 84개, 국외 50개)의 서지 DB 수 270,368건, 원문 DB 수 44,924건, 해제 7,244건, 텍스트 구축 9건을 서비스 하고 있다.

한국국학진흥원은 1999년부터 유교문화종합DB 구축을 시작으로 고도서, 고문서, 일기류에 대해 서지 · 해제, 문집 상세 해제, 이미지, 번역문을 제공하고 전통, 문화 관련 다양한 콘텐츠를 제공한다. 소장 자료는 고도서(11,877책, 이미지 346,082면, 텍스트 20,311,521자), 고문서(39,437종, 이미지 123,710면, 텍스트 13,038,694자), 일기류(322책, 이미지 20,663면, 텍스트 6,186,940자) 등이다.

고문헌을 보여 주는 다양한 서비스

고문헌을 소장한 연구 기관에서 고문헌을 체계적으로 DB화하고, 다양한 형태로 고문헌을 보여 주고 있다. 고문헌을 보여 주는 서비스에 대해 한국국학진흥원의 아카이브 사례를 소개한다.

한국국학진흥원은 한국의 전통문화와 학문을 보존하고 연구하기 위해 설립된 기관이다. 1960년대 이후 한국은 급속한 근대화와 산업화로 인해 전통문화는 서구 문화에 밀려 낙후된 문화로 인식되었다. 그 결과 전통문화가 근대사회에 안착할 수 있는 토대가 제대로 형성되기도 전에 고서와 고문서, 목판 등의 전통문화유산은 멸실의 위기에 봉착하게 되었다. 이러한 전통문화유산의 위기는 곧 우리의 소중한 문화유산을 훼손하면 안 된다는 사회적 위기의식을 불러왔고, 국가 차원의 시급한 보존 관리가 필요하다는 인식을 동반하였다.

이러한 시대적 필요성에 따라 한국국학진흥원은 2001년 10월에 개관하였고 본격적인 국학 자료의 조사와 수집 활동을 시작하였다. 한국국학진흥원의 설립 초기 최우선 과제는 멸실되어 가는 자료의 조사와 수집이었다. 한국국학진흥원이 위치한 경상북도 안동은 조선 시대 유학의 전통과 가치에 대해서 상당한 이해가 있는 지역이다. 이와 같은 지역 분위기는 설립 20여 년이 지난 현재 64만점(2024년 1월 31일 기준)에 가까운 국학 자료를 수장한 기관으로 성장할 수 있는 원동력이 되기도 했다(최연숙, 2015).

한국국학진흥원은에서 보관 중인 국학자료 중 고문헌에 해당하는 고서와 고문서는 560,876점으로 전체 보관 유물 중 약 87.5%를 차지하고 있다. 한국국학진흥원에서는 첨단 기술을 이용하여 국학 자료를 디지털화하여 다양하게 활용할 수 있는 콘텐츠를 제공하고 있다.

한국국학진흥원에서 구축한 디지털콘텐츠는 크게 세 파트로 구분되는데, 첫째 전통문화 정보 검색, 둘째 전통문화 아카이브, 마지막으로 전통문화 콘텐츠다. 전통문화 정보 검색은 2001년부터 추진해 온 민간 소장 기록 자료 기탁 운동을 통하여 소장한 기록 자료 중 사료적 가치가 뛰어난 자료를 DB와 콘텐츠로 구축 · 개발한 성과들을 한데 모아 유교 문화에 관한 종합적인 정보 서비스를 제공하고 있다. 정보 검색에는 최근 AI를 활용한 프로그램인 고문서 한자 인식과 고문서 이미지 검색, 필사본 자전, 고문헌 자동 문장 분절 서비스가 추가되었다.

전통문화 아카이브는 소장 유물의 형태를 고려하여 구축한 아카이브다. 일기류, 고문서, 편액, 책판 등을 형태별로 아카이브로 구축하였다. 목판 아카이브는 형태와 특징을 잘 보여 주기 위해 장판각 시설 정보를 확인할 수 있는 사이버 장판각 체험과 전체를 플래시(Flash) 기반의 가상 현실(VR)로 제작해 실제에 가까운 장판각 체험을 유도하고 있다.

편액 아카이브는 건물의 문과 처마 사이에 글씨를 새겨 붙인 나무판의 의미를 보여 주기 위해서 편액이 걸린 공간에 대한 VR을 제공하고, 편액 형태를 3D로도 살필 수 있다.

전통문화 콘텐츠는 전통 소재의 콘텐츠 개발을 위해 개발되었으며, 전통 소재의 콘텐츠 개발을 통한 국학 자료의 대중화를 목적으로 한다. 활용형 아카이브는 국역 및 가공을 통해 영화, 드라마 등 문화 산업 현장에서 활용하도록 소재를 제공하고 있다.

전통문화 콘텐츠 아카이브인 스토리테마파크는 조선 시대 민간 자료 중 선인들의 일기를 바탕으로 콘텐츠 소재를 제공하고 있는 아카이브로 일기류를 국역, 가공을 하여 문화 산업 현장에서 활용하도록 구성되었다. 창작자들이 창작 모티브를 얻거나 단위 장면들의 세밀한 부분을 보강할 수 있도록 정보를 제공하고 있다. 이 외에도 스토리테마파크의 이야기 소재를 활용하여 매달 웹진을 발행하고 있으며, 대학생 공모전, 콘퍼런스를 통해 대중화를 위한 사업도 진행하고 있다.

고문헌 DB 구축 사업 추진으로 1990년대 후반에 비하면 현재 괄목할 만한 많은 성과가 확보되었다. 그러나 디지털화된 고문헌 DB의 대부분을 여전히 이미지가 차지하고 있다. 또한 보조 도구들을 사용은 하지만 고문헌 자료들은 수작업으로 구축되는 비율이 아직 높은 실정이다. 이는 디지털 이미지와 디지털 텍스트, 한글 번역문 등의 생산 구조, 그리고 디지털 결과물 각각을 매핑시켜 두 가지 혹은 세 가지 유형의 데이터를 한 번에 볼 수 있게 제공하는 웹서비스의 구조 등은 고문헌 디지털화 사업이 본격적으로 추진되고 인터넷이 대중화되기 시작한 1990년대 후반과 별반 달라지지 않았다는 것이다. 단순한 이미지 자료의 제공은 고문헌의 가치를 발굴하는 데 하나의 제약이 될 수 있다. 고문헌의 가치를 발굴하기 위해서는 번역이 우선 진행되어야 하기 때문이다. 지금까지와 다른 고문헌의 대중화를 위해서는 AI를 활용한 OCR 및 자동 번역 프로그램이 필요하다.

참고문헌

국립중앙도서관 한국고문헌종합목록,

https://www.nl.go.kr/korcis/index.do
국사편찬위원회 한국사데이터베이스, https://db.history.go.kr/
규장각한국학연구원 원문검색서비스, https://kyudb.snu.ac.kr/
양창진(2014). 역사문화 콘텐츠 육성 정책의 회고와 전망. ≪인문콘텐츠≫, 199-222쪽.
이상호(2015). 선비문화콘텐츠의 현황과 과제: DB구축에서 콘텐츠 제작으로 - 한국국학진흥원의 일기류 기록자료 가공 사례를 중심으로 - . ≪유학연구≫, 29 - 57쪽.
최연숙(2015). 한국국학진흥원 소장 고문서의 체계적 정리와 활용을 위한 제언. ≪남도문화연구≫, 127-157쪽.
한국고전번역원 한국고전종합DB, https://db.itkc.or.kr/
한국국학진흥원 목판아카이브, https://mokpan.ugyo.net/
한국국학진흥원 한국의 편액, https://pyeonaek.ugyo.net/
한국국학진흥원 스토리테마파크, https://story.ugyo.net/
한국데이터베이스진흥센터(1997). CD롬코너 - 사마방목. ≪디지털콘텐츠≫, 33쪽.
한국학중앙연구원 한국학자료통합플랫폼, https://kdp.aks.ac.kr/
한동림(1995). 조선왕조실록 국역본 CD롬 출시. ≪출판저널≫, 11쪽.

04
고문헌 AI 활용 1

고문헌 해독을 위한 AI 기술에는 광학 문자 인식(OCR), 자연어 처리(NLP), 기계 번역, 패턴 인식, 이미지 처리 등이 사용된다. 이 기술들은 우리 고문헌의 특징을 파악하여 고유한 글꼴과 손상된 문서를 인식하고, 고문헌의 의미를 현대어로 번역한다.

AI와 사주?

광학 문자 인식

고문헌을 현대어로 번역하기 위해서는 우선 고문헌의 한자를 인식하여 디지털 텍스트로 변환하는 작업이 선행되어야 한다. 고문헌 한자 문자 인식은 한자 고문헌 이미지 자동 번역을 위한 첫 단계로서 최종 단계인 자동 번역까지 이르기까지 모든 단계의 결과물 품질에 지대한 영향을 미치는 매우 중요한 과정이다. 자동 번역 기술이 일정 수준에 도달한다고 하더라도 낱자 단위로 쓰임이 있고 뜻풀이가 되는 표의문자인 한자의 특성상 문자 인식 단계의 신뢰성 확보는 자동 번역 시스템 전체의 품질에 가장 중요한 요소다.

'문자 인식'은 OCR(Optical Character Recognition, 광학 문자 인식)이라는 표현으로 익숙하다. 이미지 안에서 문자의 위치를 찾아내고 찾아낸 문자가 어떤 문자인지를 판독하는 것을 말한다. 사람이 쓰거나 기계로 인쇄한 문자를 컴퓨터가 읽을 수 있는 문자로 변환하는 기술을 의미한다. 이렇게 텍스트 형태로 변환된 문자는 새롭게 편집되거나 활용될 수 있으므로 오늘날 우편 사업, 교육, 금융 및 물류, 의료업 등 다양한 산업 분야에서 활용되고 있다. 문자 인식 기술은 현대 인쇄물이나 손필기뿐 아니라 우리나라 전통 고서나 고문서의 한자를 대상으로 범위를 확장하고 있다. 이렇게 우리나라 고문헌의 한자를 인식하는 문자 인식은 우리 고문헌을 효과적으로 전산화하여 보존 가치를 높이고, 이를 기반한 각 세부 분야의 아카이브 구축, 관광 산업에 응용할 수 있어 높은 활용 가치를 지닌다(구현아, 2022).

문자 인식은 이미지 처리와 자연어 처리가 융합된 기술로서 인식 대상 이미지의 특성과 이미지 내 포함된 텍스트의 문장 구조 유무에 따라 적용되는 기술이 다르다. 현대 문서와 달리 고문헌은 색바램, 뒷글자 비침 등의 왜곡이 존재한다. 또한 생활 문서는 원근감, 글자 크기, 회전 등의 왜곡이 존재하므로 문자 인식 정확도에 영향을 끼친다.

최근 정부의 국가 데이터 경제를 활성화하기 위한 "인공지능 학습용 데이터세트 구축"이란 주제로 다양한 분야의 데이터 구축 사업을 진행하였는데, 고문헌 문자 인식의 기본 데이터가 되는 학습용 데이터 구축도 진행되었다. 한국지능정보사회진흥원(NIA)은 '인공지능 학습용 데이터 구축' 사업을 통해 2020~2022년 3개년간 고서한자 OCR 학습용 데이터세트를 구축했다. 해서, 행서, 초서, 전서, 예서의 5개 서체 클래스로 연간 1천만 자씩, 3년 동안 누적 3천만 자를 구축하였는데, 학습용 데이터 증량은 AI 모델 성능과 비례하므로 고문헌의 문자 인식 성공률도 상승했다(누리IDT, 2022).

2022년 오픈한 한국국학진흥원의 고도서 한자 문자 인식 서비스는 90프로 이상의 성공률을 보이며, 고문헌 자료를 1~2초 안에 디지털 텍스트 결과물을 제공한다.

AI 자동번역

AI를 활용한 자동 번역 기술은 규칙 기반 기계 번역(RBMT, Rule-Based Machine Translation)에서 말뭉치 기반 기계 번역(Corpus-based Machine Translation)을 거쳐 최근에는 구글에서 발표한 트랜스포머(Transformer) 모델이 가장 성능이 우수한 기계 번역 베이스 모델로 평가받는다. 즉 큰 흐름은 규칙→통계→신경망 순이다(김우정, 2021).

규칙 기반 기계 번역(RBMT, Rule-Based Machine Translation)은 문법에 기반한 알고리즘으로 번역 정확성이 비교적 높다는 장점이 있다. 한편 사람이 규칙을 정해 줘야 하므로 시간과 예산 등 고비용을 필요로 한다는 단점도 있다. 직접적 기계 번역 방식은 규정된 단어의 배열과 어법에 따라 번역하는 모델이다. 중간언어 기계 번역 방식은 원문과 번역문 사이에 특정 언어에 국한되지 않는 '중간언어(Interlingua)'를 거쳐 번역한다. 직접적 기계 번역에 비해 다국어 번역에 효과적이다.

말뭉치 기반 기계 번역(Corpus-based Machine Translation)은 피번역 문장과 번역 문장의 쌍으로 구성된 병렬 말뭉치(Corpus)를 학습하는 것을 기반으로 하는 기계 번역이다. 예시 기반 기계 번역(EBMT, Example-based Machine Translation) 방식은 1984년 일본 교토 대학교의 나가오 마코토 교수가 제안한 방법이다. 번역 대상 원문과 번역된 번역문 정보를 그대로 저장해 두었다가 똑같은 문장의 번역 요청이 있을 때 저장된 정보를 활용한다. 저장된 각 코퍼스마다 수많은 단어를 바꿔 넣으며 반복 학습을 시킨다. 수많은 단어와 그 동의어, 반의어 관계를 모두 입력해야 하므로 실용성이 낮다고 평가받는다.

통계 기반 자동 번역(SMT, Statistical Machine Translation) 방식은 1980년대 후반 IBM 왓슨 연구소에서 확률론적 기법을 적용하여 당시로서는 놀라운 결과를 내어 대세 알고리즘이 되었다. 초창기 구글 번역 서비스의 기반 모델로 번역될 언어에서 번역할 문장에 맞을 확률이 가장 높게 단어 · 어절이 조합된 문장을 선택하는 방식이다. 필수적인 대역어를 지정하는 과정에서 어순이 다른 두 언어 간 단어 · 어절의 순서를 정확하게 배열하기 어렵고, 번역 결과 검증을 위해 충분한 데이터 축적이 필요하다는 한계를 가진다.

규칙 기반과 통계 기반 방식에 이어 선보인 신경망 기반 방식(NMT, Neural Machine Translation)은 다층신경망을 이용하여 인간의 학습 과정을 모방한 심층 학습 기술이 사용된 기계 번역이다. 딥러닝 기술의 발전으로 사람에 의한 통계 모델 수립 없이 순환신경망(RNN, Recurrent Neural Network)이 입력되는 잘 정제된 많은 수의 병렬 코퍼스를 반복 학습함으로써 번역 패턴을 인식해냈다. 문장 대 문장으로 통째로 학습하여 번역된 문장을 통째로 생성해 낸다.

미국의 구글, 마이크로소프트, 페이스북, 중국의 바이두, 한국의 네이버 등 여러 국가의 주요 포털 기업들에서 NMT 기반의 자체 모델을 개발하여 번역 서비스를 시작하였고, 구글에 따르면 구글 번역 시스템 내부 데이터를 살펴보니 언어는 다르지만 같은 의미를 가진 문장들끼리 같은 특정 영역에 모여 있는 양상이 관찰됐다고 한다. 이러한 결과는 신경망 기반 시스템이 서로 다른 언어 간의 번역 결과를 의미 기준으로 분류함으로써 다중언어를 학습하는 자체 능력을 탑재하고 있다는 유의미한 사실을 알 수 있다(신지선 · 김은미, 2017).

2017년 말 구글에서 발표한 새로운 모델 '트랜스포머(Transformer)'는 기존 모델들보다 적은 연산으로도 높은 정밀도를 보여, 현시점까지 기계 번역의 대세 기반 모델로 폭넓게 사용되고 있다. 현 단계에서 가장 성능이 우수한 기계 번역 베이스 모델이라 평가하고 있다.

고문헌 자동 번역을 위한 학습 데이터

AI 및 최신 ICT를 적용하여 고문헌 전용 번역 프로그램을 개발하기 위해서는 우선 고문헌의 특성을 파악할 필요가 있다. 고문헌은 대체로 한자로 기술되어 있는데, 휴먼 번역에서는 전통적으로 엄밀한 독법을 통해 주석을 종합하고 끊임없이 새로운 번역을 시도한다. AI를 활용한 번역의 경우도 명확하고 구체적인 범례를 집적해가야 고문헌에 대한 표점과 번역의 오류를 줄일 수 있다.

구체적인 범례를 위해서는 우선 고문헌의 문체별 특성을 파악하고 규칙을 학습시키는 일이다. 고문헌은 뚜렷한 규칙성을 갖고 있으며 이러한 규칙을 담은 것이 바로 자전류다. 한 예로 시(詩)나 사(詞), 명(銘)과 같은 문체 등을 볼 수 있다. 이 문체들에는 정해진 운각(韻脚)의 자리에 쓰도록 규정된 글자인 운자(韻字)가 있다. 여기에 쓰는 글자들은 성조에 따라서 부류를 구분해 놓은 운보(韻譜)에 나열된 글자들만을 쓸 수 있다는 규칙이 존재한다. 이러한 규칙을 이해하지 못하면 반드시 오역이 발생한다. 전통 시대에도 이 운자를 익히기 위해서 한자의 운을 중심으로 분류하여 일정한 순서로 배열한 자전(字典)을 학습했다. AI 자동 번역도 이러한 규칙성을 학습시켜 범례화해야 한다.

전고(典故)의 다양한 용례와 고유명사에 대한 학습도 진행해야 한다. 고문헌에는 고대 중국의 인명, 혹은 지명이나 당대의 관직과 같은 고유명사와 경전의 구절을 축약한 경우가 많다. 현존하는 대다수 고문헌을 조선 시대의 자료이며, 이들은 대다수 유학자다. 유학자들은 끊임없이 사서 등의 경전을 공부하고 이를 토대로 글을 지었다. 그러므로 유학 경전에 나오는 사례를 학습하는 것이 중요한 것이다. 이러한 사례를 무시하면 번역 결과물의 정확도는 떨어질 수밖에 없다.

고문헌에 대한 번역 품질을 높이려면 양질의 코퍼스, 각종 어휘 및 고유명사 관련 사전 등을 갖춰야 한다. 신경망 기계 번역 시스템은 빅데이터 수준의 자료를 갖춰야 좋은 성능을 발휘할 수 있는데, 적어도 수백만 문장의 병렬 코퍼스를 확보하여야 일정 수준 이상의 번역을 기대할 수 있다. 하지만 개인이나 소규모 연구 기관에서는 양질의 코퍼스를 충분히 확보하기가 쉽지 않으며, 구글, 네이버와 같은 포털 기업도 이미 사어가 되어 버린 고문헌의 코퍼스를 자체적으로 확보하기는 어려운 일이다. 따라서 고문헌의 코퍼스를 확보가 가능한 기관의 주도하에 번역 결과물을 종합적으로 수집 · 관리할 수 있는 DB를 구축하는 한편, 수집된 번역물을 AI 번역기에 활용할 수 있도록 정제하는 작업을 동시에 수행하여야 한다(조성덕 외, 2019).

AI를 기반으로 한 자동 번역 프로그램 개발을 위해 고문헌을 소장하고 연구하는 기관의 DB를 학습용 데이터로 구축해야 한다. 구축한 DB를 활용한 필사본 자전 검색, OCR 검색 등 고문헌 자동 번역에 필요한 부수적 프로그램을 개발하여 사용자 편의성을 높여야 한다.

참고문헌

구현아(2022). 고서 한자 인식 OCR의 데이터 수집과 활용 방안 고찰. ≪한중언어문화연구≫, 48-84쪽.

김우정(2021), 고전문언문(古典文言文) 기계번역의 현황과 과제. ≪중문문학(中國文學)≫, 25-51쪽.

신지선·김은미(2017). 인공지능 번역 시스템의 출현에 대한 소고. ≪번역학연구≫, 91-110쪽.

조성덕 외(2019), 바이두 번역기의 한문고전 번역 수준과 향후의 과제. ≪한문학논집≫, 115-152쪽.

한국국학진흥원·(주)누리IDT(2022). 『2022 인공지능 한문 번역을 위한 조사·연구 보고서』.

05
고문헌 AI 활용 2

고문헌을 번역하기 위해서는 단계가 필요하다. AI를 활용한 고문헌 자동 번역의 프로세스는 텍스트 확보를 원문 이미지에서부터 출발한다는 전제에서 휴먼 번역의 순서를 따른다. 전문 번역가에 의한 한자 고문헌의 일반적인 번역 순서는 ① 원문 텍스트 확보→ ② 표점 부호 기입→ ③ 번역 단계로 진행된다. 인공지능을 활용한 고문헌 자동 번역의 전체 프로세스도 ① 문자 인식→ ② 문장 분절→ ③ 자동 번역의 3단계로 구성된다.

AI와 아이돌?

고문헌의 빠른 디지털 텍스트 확보

고문헌은 다양한 분야에서 무궁무진한 활용 가치를 지니고 있다. 하지만 비디지털화, 단순 이미지, 미번역이라는 이유로 활용에 큰 제약이 있다. 또한 현재 고문헌에 대한 디지털 작업은 단순 원본 스캐닝 작업에 머무르고 있어 일반인의 접근이 쉽지 않다. 고문헌의 대중적 활용을 위해서는 AI를 비롯한 최신 정보통신기술(ICT)을 접목하여 실효적인 이용과 연구 활성화의 토대를 구축할 수 있다.

AI를 활용한 고문헌 자동 번역의 프로세스는 텍스트 확보를 원문 이미지에서부터 출발한다는 전제에서 휴먼 번역의 순서를 일단 준용하는 것이 적절하다. 추후 기술적 가능성에 따라 프로세스를 확대 또는 축소할 수 있다.

전문 번역가에 의한 한자 고문헌의 일반적인 번역 순서는 ① 원문 텍스트 확보→ ② 표점 부호 기입→ ③ 번역 단계로 진행된다. 반면 인공지능을 활용한 고문헌 자동 번역의 전체 프로세스는 ① 문자 인식→ ② 문장 분절 → ③ 자동 번역의 3단계로 구성된다.

전문 번역가와 같은 번역 순서를 이용하는 이유는 고문헌의 디지털 텍스트의 미확보에 따른 것이다. 2018년 국립중앙도서관 조사에 따르면 전국 174개 기관에 최소

300만 점 이상의 고문헌이 소장되어 있으며, 그중 이미지 디지털화는 50%, 텍스트 디지털화는 5%, 한글 번역은 1% 미만이라고 한다(국립중앙도서관, 2018). 아직 텍스트 디지털화가 전체 자료의 5%의 불과하므로 번역을 위해서는 고문헌의 디지털화부터 먼저 진행해야 한다.

AI를 활용한 고문헌 자동 번역은 디지털 텍스트로 확보된 문서가 아닌, 고문헌 자료에서 번역까지 가는 단계다. 빠른 디지털 텍스트 확보를 위해서는 문자 인식(OCR, Optical Character Recognition) 기술 활용이 필수다.

현재 대중적인 OCR 기술로는 네이버 클로바, 구글 렌즈 등 포털 사이트에서 제공하는 프로그램을 통해 비교적 쉽게 텍스트 파일의 결과를 얻어낼 수 있다. 하지만 지금 상용화된 문자 인식 프로그램은 고문헌의 서술 방식, 서체 등의 제약으로 인식률이 정확하지 못하다는 문제가 있다. 이러한 문제를 해결하기 위해서는 고문헌 서체에 특화된 문자 인식 프로그램을 개발하는 것이다.

해서를 비롯한 행서, 초서 등 다양한 서체를 인식할 수 있는 OCR 프로그램 제작을 위해서는 서체별 학습용 데이터 구축이 필수다. 고문헌의 주 문자인 한자는 해서, 행서, 예서, 전서, 초서의 다양한 서체가 존재한다.

이 중 현존하는 고문헌의 대다수를 차지하는 글자체는 해서다. 해서는 글자 한 자가 정사각형을 이루는 것이 특징으로 오늘날까지 한자의 정체(正體)로 간주된다. 한국국학진흥원 소장 고도서 71,604종(161,548책)의 추정 글자 수 기준 서체별 비율(이미지는 100면/책, 텍스트는 180자/면 적용)도 해서와 해서와 유사한 행서가 압도적이다.

한국국학진흥원 소장(2021) 고도서 기준으로 해서체로 제작된 비율이 약 91%로 추정되며, 해서체와 유사한 행서체까지 포함한다면 비율은 약 99%가 된다. 따라서 고도서의 대부분은 해서체와 행서체로 제작된 것으로 추론 가능하며, 글자 수 기준으로 고도서가 전체 고문헌의 99.78% 정도를 차지하므로 해서체와 행서체가 전체 고문헌의 대부분을 차지하는 서체로 볼 수 있다.

그러나 고문헌 중 민간의 기록인 개인의 일기, 고문서 등의 자료는 행서와 초서의 결합인 행초서, 혹은 초서로 이루어진 경우도 있다.

초서로 기록된 필사본은 간결함과 연결성이 두드러진 특징이 있어, OCR의 제일 큰 난관이 된다. 해서체는 일점일획을 정확히 독립시켜 쓴 서체로 OCR 판독과 정확도가 높다. 반면에 초서체는 생략과 연결, 글자 크기와 간격 등이 일정하지 않다는 점에서 OCR 판독이 쉽지 않다. 하지만 고문헌에서 해서를 제외하고 가장 비중이 높은 필사본 자료의 기본 자형인 초서에 대해 자전 데이터베이스(DB)를 구축하여 범용 학습용 데이터 생산에 활용하는 작업은 반드시 선행되어야 할 작업이다.

기계의 경우 필사본에서 세로로 잘 정렬되어 있지 않으면 각 글자를 파악하여 단위화시키는 것이 쉽지 않다. 특히 초서는 글자 크기와 형태가 일정치 않기 때문에 오류가 발생한다. 이러한 문제는 기계가 먼저 바운딩하고 사람이 보정하는 방법을 택할 수 있다. 이 경우 기계가 수행한 바운딩 박스를 사용자가 재조정하는 과정을 거치므로 오류를 최소화할 수 있다. 즉 필사본 자료의 특성상 오류를 최소화하려면 바운딩 박스를 재조정하는 방식이 필요하다.

OCR로 글자를 인식하였다고 하더라도 형태는 같으나 다른 글자 혹은 같은 글자이지만 다른 형태 등의 문제도 있다. 이러한 문제는 사용자가 해당 글자를 선택하게 하는 방법이 있다. 또한 전문가의 탈초와 마찬가지로 문맥을 통해 글자를 파악하게 하는 방법도 고려해 볼 수 있다. 이 방법을 사용하기 위해서는 앞뒤 글자를 함께 학습시켜 한문 어휘와 문장 구성의 관습을 익히게 하는 등 자주 쓰이는 관용구 등의 어휘를 학습시키는 방법도 필요하다.

필사본 자료는 세로 방향의 형식 이외에도 여러 구역에 내용을 적은 문서들이 많다. 이와 같은 문서는 사용자가 인식해야 할 구역을 순서대로 지정하고, 지정된 구역에서 인식 방향 등을 설정하여 차례로 인식하게 하는 방법을 생각할 수 있다. 현재 문자 인식 기술은 위치와 배열이 변형되면 인식률에 큰 영향을 받는다. 사용자가 미리 구역을 지정해 준 뒤, 문자 인식을 진행하는 방법을 통해 오류를 최소화해야 한다.

이 외에도 사용자가 직접 필사본 자료의 자형을 이미지로 검색해서 확인하는 방법이 있다. 이 방법은 필사본 자료를 확인하는 사용층과 현재 기술력에 대한 현실적 방안이다. 필사본 자료는 주로 연구자들이 텍스트를 얻기 위한 경우가 많다. 필사본 자료에 대한 이해도가 있는 사용자는 문서의 일부분 글자 판독을 원할 수 있다. 해당 글자를 문자 인식으로 검출하여 유사 자형을 찾는 방법은 필사본 자료의 맞춤 접근법이라고 할 수 있다.

자동 번역으로 가기 전

AI에 의한 문장 분절은 문자 인식 단계에서 획득한 텍스트에 문장 구분 기호인 표점을 가상으로 삽입해 주는 기술이다. 이 과정은 자동 번역으로 가는 중간 단계로서 자동 번역의 성능에 직접적인 영향을 미치는 중요한 과정이다. 문장 분절 단계를 통해서 한 구절 또는 한 문장씩의 번역 단위를 인지하게 되기 때문이다.

입력된 원문 이미지에서의 문자 인식 단계부터 자동 번역을 시작한다고 했을 때, 자동 표점 단계를 통해서는 문자 인식 과정을 거친 후 표점 텍스트를 획득하게 되며, 이미지가 아닌 일반 텍스트를 입력값으로 받을 때는 바로 표점 텍스트를 획득할 수 있다. 또한 원문 이미지 입력으로 문장 분절을 실시할 때는 문자 인식 단계를 통해 자동으로 획득된 원문 텍스트의 정확도가 자동 표점 단계를 통해 획득될 표점 텍스트의 정확도에도 영향을 미치게 된다.

한문은 주어, 서술어, 목적어 등의 문장 구조가 현대 언어와 다르게 고정되지 않고 문맥에 따라 변화하는 경향이 있다. 문장을 올바르게 분절하지 않으면, 어떤 부분이 주어인지, 어떤 부분이 서술어인지 명확히 이해하기 어려울 수 있다. 따라서 문장을 정확히 분절하는 것이 의미 파악을 명확히 하는 데 필수다.

문장을 정확하게 분절하면 원문에 담긴 의미를 더 정

확하게 번역할 수 있다. 한문은 종종 중의적 표현이 많으므로 문장을 잘못 분절하면 번역이 달라질 수 있다. 이를 방지하기 위해 문장을 올바르게 분절하는 것은 번역의 정확성을 높이는 데 중요하다.

고문헌에 대한 자동 번역 프로그램에서 가장 중요한 열쇠는 문자 인식의 정확도다. 문자 인식의 정확성이 확보되어야 이후 자동 번역까지의 오류를 줄일 수 있다. 또한 고문헌의 한문 자료를 번역할 때 문장 분절은 원문의 의미와 문맥을 정확히 파악하고, 이를 바탕으로 올바르게 번역하는 데 매우 중요한 단계다.

고문헌이라는 원문 자료에서 번역으로 가기 위해서는 고문헌의 빠른 텍스트 확보, 번역의 정확성을 위한 문장 분절 단계를 거쳐야 한다. 각 단계를 분리하는 이유는 오류를 최대한 줄이기 위해서다. 문자 인식의 정확도 확보와 문장을 정확히 분절하고 나서 번역을 시작하면 이러한 오류를 줄일 수 있다.

참고문헌

국립중앙도서관(2018). 『한국 고문헌 관리 중장기 발전 방안 연구』.
한국국학진흥원·(주)누리IDT(2022). 『2022 인공지능 한문 번역을 위한 조사·연구 보고서』.

06
한자 문화권 AI 활용

동아시아 한자 문화권에서 AI를 활용한 고문헌 자료의 번역은 최근 몇 년간 빠르게 발전하고 있는 분야다. 중국과 일본에서도 고문헌의 번역과 해석은 오랫동안 학문적 도전 과제였다. 향후 AI 기술의 발전으로 고문헌 번역의 정확성과 효율성이 더욱 개선될 것으로 기대된다.

AI와 야구?

해외 고문헌 데이터베이스 구축 현황

중국, 일본 등 한자 문화권의 동아시아 대학과 공공기관들이 제공하고 있는 고문헌 데이터베이스(DB) 서비스는 대부분 목록 정리와 이미지 데이터 중심으로 구성되어 있다. 이는 고문헌을 소장한 기관들이 전통적으로 소장 자료의 목록 정보를 제공하는 데 주력해 온 업무의 연장선으로 파악할 수 있다.

1990년대 들어 디지털 정보화 추세에 따라 목록 및 서지 정보를 전산화하고 이후 소장 자료의 디지털 이미지 구축과 컬렉션 형태의 원문 이미지 서비스 중심으로 이어지게 된 데 따른 것이다.

중국은 1980년대부터 고문헌 디지털화 작업을 시작했다. 1984년 대만의 중앙연구원이 〈이십오사전문데이터베이스(二十五史全文資料庫)〉를 구축한 데 영향을 받아 1980년대 후반 중국사회과학원의 주도하에 〈전당시(全唐詩)〉, 〈전당문(全唐文)〉 등 여러 고전적 DB가 구축되기 시작했다.

1990년대 후반부터는 서동문(書同文), 애여생(愛如生) 등 민간 기업이 자금과 기술을 투입하여 원문 텍스트 검색이 가능한 DB가 출시되며 민간 중심으로 고전적 DB가 대형화하고 상용화하는 방향이 형성되었다.

2000년대 들어 중국 정부가 '국가발전중점계획'을 세우고 2007년 중화고적보호계획(中華古籍保護計劃)을 시행하면서 고전적 디지털화 작업은 국가적인 사업으로 추진되었다. 대표적으로 2012년부터 국가디지털도서관이 방대한 규모의 〈중화고적자원고(中華古籍資源庫)〉를 구축하고 2016년 중국국가도서관 홈페이지를 통해 공개하였다. 또한 많은 대학교와 도서관들이 수많은 종류의 고전적 DB를 구축하여 서비스하고 있다.

일본의 경우, 고전적 DB 구축 사업은 정보학의 발전이 역사 연구에도 적용되어야 한다는 학계의 주장이 대두된 1990년대 중반부터 시작되었다.

이후 일본의 국문학연구자료관과 여러 기관이 공동으로 문부과학성의 지원을 받아 2014년부터 10년 계획으로 '일본어 역사적 전적의 국제공동연구 네트워크 구축 계획'을 추진하고 있다. 고대부터 에도 시대 말까지 일본어로 쓰인 '역사적 전적'을 DB로 구축하는 이 대규모 사업 또한 대상 자료 약 30만 점을 디지털 이미지 DB로 구축하고 공개하는 것을 주요 목적으로 하고 있다. 이 사업의 일환으로 자국의 고문헌을 자동 처리하는 AI 기반 문자 인식(OCR) 모델도 개발되고 있다.

한자 문화권 AI 서비스

최근 한문 고전적 DB 구축은 딥러닝 기반의 AI 기술을 적극 도입하려는 노력이 국내외적으로 시도되고 있다. AI 기반으로 OCR 기술을 통한 한문 원문 텍스트 추출, 텍스트 원문의 문장 분절 및 표점, 표점된 원문의 현대어 번역으로 이어지는 과정을 자동화함으로써 한문 고전적 자료에 대해 전문 연구자뿐만이 아니라 일반인도 보다 쉽고 편리하게 접근할 수 있도록 하여 그 활용 가치를 크게 높이고자 하는 노력이다.

이미 중국에서는 베이징대학교, 베이징사범대학교, 화난이공대학교 등을 중심으로 상당한 수준의 AI 기반 고전 한문 자동 문장 분절 및 표점 시스템이 개발되어 시험 서비스되고 있다. 일본에서는 국책 사업의 일환으로 일본 전통 필기 글자인 쿠즈시지에 대한 AI 기반 OCR 기술이 적극 개발되고 있다.

국문학연구자료관은 일본 문부과학성의 지원을 받아 2014년부터 10년 계획으로 '일본어의 역사적 전적의 국제공동연구 네트워크 구축계획(약칭 '역사적 전적 NW 사업')'을 추진하고 있다. 이는 고대로부터 에도 시대 말(1868년)까지 일본어로 쓰인 '역사적 전적'을 디지털 이미지 DB로 구축하고, 이를 통해 학제 간 및 국제 공동연구 촉진을 목적으로 하는 사업이다.

'역사적 전적 NW 사업'의 목적에 따라 일본 고전적의 원문 이미지 열람에 특화된 이 DB 사이트는 국문학연구자료관의 기존 〈일본 고전적 종합목록 데이터베이스〉와 상호 연동되어 있으면서 OCR 기반의 이미지 검색 기술이 적용된 전문 검색 기능을 제공한다.

〈한전중광(漢典重光)〉은 중국의 빅테크 기업인 알리바바가 자국의 쓰촨(四川)대학 및 미국의 캘리포니아대학 버클리 분교 동아시아 도서관 등과 협력하여 구축한 중국 고전적 데이터베이스다.

2019년 DB 구축에 착수하여 2021년 5월에 공개된 이 데이터베이스는 다음과 같은 중요한 특징이 있는데, 알리바바 그룹의 산하 연구소인 다모(DAMO) 아카데미의 AI 기술을 기반으로 구축된 점이다.

2021년 5월 공개 시점에서 고전적 문헌 40종, 총 20만 면의 원문이 딥러닝 기반의 인공지능 OCR 기술을 통해 97.5%의 정확도로 한자가 인식되고 입력되었다고 알려져 있으며(장염, 2022), 2022년 10월 현재 176종의 문헌이 구축되어 있다.

〈한전중광〉은 AI 기술을 적용하여 고전적 DB를 구축하고 있다는 점에서 주목할 만한 데이터베이스다.

〈중문고적(中文古籍) OCR〉은 화난(華南)이공대학 딥러닝 및 비주얼 컴퓨팅 연구소가 베이징 룽취안사(龙泉寺) 장경연구소와 협력하여 개발하고 있는 중국 고전적 자동 문자 인식과 자동 표점 및 현대문 번역 시스템이다.

〈중문고적 OCR〉은 5년 이상의 개발 기간에 걸친 지속적인 모델 업그레이드와 학습 데이터 확장의 결과 OCR 성능이 안정적인 수준에 있다고 소개되고 있으며, 또한 사용자의 편의와 활용을 위해 여러 다양한 기능을 지원하고 있다.

일본의 인문학 오픈데이터 공동이용센터(人文学オープンデータ共同利用センター, Center for Open Data in the Humanities, CODH)는 2014년부터 10년 계획으로 추진되고 있는 '일본어의 역사적 전적의 국제공동연구 네트워크 구축계획(약칭 '역사적 전적 NW 사업')'에 국립정보학연구소, 국문학연구자료관(국문연)과 공동 참여하고 있다.

역사적 전적 NW 사업의 일환인 '일본의 역사적 전적의 이미지 데이터베이스를 이용한 국제적 교육 프로그램의 개발(日本の歴史的典籍の画像データベースを利用した国際的教育プログラムの開発)' 프로젝트는 역사적

전적 또는 고전적의 원문 이미지로부터 텍스트를 추출하는 프로그램 개발을 목적으로 하고 있고 주로 쿠즈시지에 대한 AI 기반의 자동 인식에 집중하고 있다.

CODH는 이 프로젝트에 따라 구축되고 개발된 일본 고전적 데이터세트와 일본 고전적 쿠즈시지 데이터세트 및 쿠즈시지 OCR 프로그램인 쿠로넷(KuroNet) 모델을 쿠로넷 서비스 사이트를 통해 공개하고 있다.

쿠로넷 웹사이트의 OCR 서비스는 동 사이트에서 같이 공개하고 있는 일본 고전적 데이터세트에 포함된 자료만을 대상으로 하고 있다. 하지만 인문학 오픈데이터 공동이용센터(CODH)가 쿠로넷 모델을 기반으로 개발하고 공개한 쿠즈시지 OCR 모바일 애플리케이션 〈미오(みを, MIWO)〉는 CODH 데이터세트 외의 다른 모든 고전적 자료에 사용이 가능하다.

중국에서는 고문헌 문장 분절에 대한 연구 개발도 활발히 진행 중이다. 대표적으로 베이징대학교 디지털 인문학 연구센터에서 개발하여 웹서비스 중인 '고적 자동 정리 시스템(古籍自动整理系统) 1.2', 베이징대학교 사범대학 '고시문단구(古詩文斷句)', 화난이공대학교 '중문고적(中文古籍)', 구리엔 '고전적 자동 표점 시스템(古联古籍自动标点系统)' 등이 있다.

고문헌 문장 분절은 한문학 영역에서는 '표점'이라고 하여 한문 전문가나 그에 준하는 실력을 가진 전문 인력들이 수작업으로 진행한다. 인공지능을 이용한 (자동)문장 분절의 경우는 문장 분절이라고도 한다. 고문헌 자료를 독해하기 위해 표점이 필요한 이유는 한문 문장의 구조를 빠르게 파악할 수 있기 때문이다. 한문 문장의 구조와 의미를 파악하기 위해서는 먼저 백문 상태의 한문 원문에 구두를 떼어 끊어 읽을 수 있어야 하는데, 한문은 본래 문장 부호가 없기 때문에 어떻게 구두를 떼느냐에 따라 전혀 다른 의미의 문장이 될 수 있다. 이렇게 구두점마다 현대식 문장 부호를 붙이는 것을 표점이라고 한다. 표점은 한문을 번역하는 전 단계 과정이라고 할 수 있다(박종천, 2010).

현재까지 동아시아 한자 문화권에서 AI를 활용한 고문헌 OCR과 번역은 빠른 디지털 데이터 확보를 위한 DB 작업의 일환으로 진행되었다. 여기서 한 단계 나아가 중국에서는 고문헌에 특화된 챗GPT와 같은 생성형 AI 서비스인 "운사고 지능형 질의응답 시스템(云四库智能问答系统)"을 개발하고 있다. 고문헌의 번역은 물론 관련 인물이나 사건, 배경 정보 등을 종합적으로 제공하여 고문헌의 종합적 이해를 도모하기 위함이다(XU &

Yongming, 2024). AI 기술 도입은 오랜 기간 학문적 도전 과제였던 고문헌의 번역 과제를 빠르게 해결해 주고 있다.

참고문헌

박종천(2010). 標點과 懸吐(口訣)의 비교 분석. ≪민족문화≫, 137-164쪽.

장염(2022). 중국 내 고전 문헌의 디지털화 현황 및 전망. ≪고전문학과 교육≫, 45-93쪽.

한국국학진흥원·(주)누리IDT(2022). 『2022 인공지능 한문 번역을 위한 조사·연구 보고서』.

古詩文斷句: https://seg.shenshen.wiki

古联古籍自动标点系统: http://autopun.ancientbooks.cn/

吾與點 古籍自動整理系通1.2: http://wyd.kvlab.org/

人文学オープンデータ共同利用センタ: http://codh.rois.ac.jp/kuronet/

中文古籍OCR https://old.gj.cool/

漢典重光: https://wenyuan.aliyun.com/

华南理工大学 深度学习与视觉计算实验室: https://OCR.gj.cool/

XU & Yongming(2024). The Application and Response of the Big Language Model in the Field of Literature and History. ≪2024 디지털 동아시아 고전학 학술대회≫, 227-286쪽.

07
4차 산업 시대의 한문 선생님 AI

AI를 활용한 한문 교육은 학습자의 수준과 필요에 맞춘 맞춤형 교육을 제공할 수 있다는 점에서 큰 잠재력을 지니고 있다.
이로써 전통적인 한문 교육의 한계를 극복하고, 보다 많은 사람들이 한문을 쉽게 배울 수 있는 기회를 제공할 수 있다.

AI와 윤동주?

한문 교육의 위기

우리나라에서 한자 · 한문 교육은 전통 시대부터 시작된 교육이다. 조선 시대의 학자층은 어린 나이부터 교육을 통해 한자로 기술된 사서삼경을 통달했다. 그러나 시대의 변화에 따라 현재는 한자 · 한문보다는 영어 교육이 중심이 되었고, 한자 · 한문 교육도 중심에서 멀어졌다. 중등 교육에서도 한문 교과는 주요 과목이 아니며, 대학수학능력시험에서도 제2외국어/한문 영역으로 되어 있는데 대학 입시에 중요 선택 과목이 아니라는 점은 현대 한문 교육의 위기를 보여 준다.

한문 교육의 위기는 교과 교육의 어려움과도 연관된다. 한문은 한자와 고전문학에 대한 이해를 요구하는 과목으로 어려움을 느끼는 학생들이 많다. 한자와 한문이 일상생활에서 접하는 문자가 아니기 때문이다. 특히 학생들은 한자는 획수가 많고 복잡한 글자가 많아 암기에 어려움을 느낀다. 이러한 어려움은 학생들의 교과목 선호도에 부정적 영향을 끼치곤 한다.

또한 한자 · 한문에 대한 실용성에 대해서도 의문을 비추는 현실도 반영한다. 학생들 사이에서 한문이 현대 사회에서 얼마나 실용적인지에 대한 의문이 있는 것이다. 일부 학생들은 한문이 대학 입시나 미래의 진로와 직접적으로 연관되지 않다고 생각하며, 이는 대학 입시 과목에서 한문이 중요 과목이 아니라는 점도 영향을 미친다.

한문에 대한 사회적 관심과 수요의 하락은 한문 교과의 고등 교육 과정에도 영향을 끼쳤다. 전국 대학교의 한문학과와 한문교육과 또한 점차 줄어드는 양상을 보인 것이다. 1970~1980년대 이후 전국적으로 생겨났던 한문 관련 학과들은 이후 점차 축소 · 폐지되거나 학과 명칭을 바꾸고 있다(정용건, 2023). 한 예로 국립안동대학교 한문학과의 경우 한자문화콘텐츠학과로 변경되었다.

하지만 한자 · 한문은 우리 어휘에도 상당한 영향을 끼쳤고, 우리 전통 기록유산인 고문헌의 기술도 한자로 되어 있는 만큼 한자 · 한문 교육을 등한시하면 안 된다. 현재의 최신 기술을 활용하여 한자 · 한문에 대한 친숙함을 느끼게 하는 등 학습자 요구에 따른 맞춤 교육으로 바뀔 필요가 있다.

1:1 맞춤 교육 시대

현재 우리의 실생활에서 한자 · 한문에 노출되어 있지 않아 한자 · 한문이 불필요하다고 생각할 수 있다. 또한 한자 · 한문 학습의 어려움으로 학생들의 외면을 받고 있다. 이러한 어려움은 생성형 AI를 활용한 한자 · 한문 학습을 통해 해결할 수 있다. 생성형 AI를 통한 한자 · 한문 교육은 학습자의 수준에 따라 맞춤형 교육을 제공할 수 있기 때문이다.

AI를 비롯한 최신 정보통신기술(ICT)의 급속한 발전은 학교 현장의 모습도 변화시켰다. 교과마다 급속히 AI 활용 교육으로 바뀌고 있다. 수학, 과학, 영어 등 AI를 활용하여 수업을 진행하고 있다(김응춘, 2021).

생성형 AI를 학습에 이용하면 맞춤형 교육이 가능하다. 교육 분야에서 생성형 AI는 학습 자료 생성, 시뮬레이션, 가상 환경 구축 등에 사용되며, 이를 통해 학습자 맞춤형 교육 콘텐츠를 제공하고, 창의적이고 흥미로운 학습 경험을 가능하게 한다. 또한 학습자의 반응을 분석하여 그들의 학습 경험을 개선하는 데에도 효과적이다(유성열, 2024).

같은 강의실에서 같은 교수자에서 배우지만 개인의 학습 능력은 천차만별이다. 1:1 교습이 아닌 이상 교수자가 학생의 수준에 맞게 일일이 지도해 주는 일은 현재 교육 시스템에서는 불가능하다. 하지만 생성형 AI를 활용하여 학습 내용을 공유하여 수업 시간에 배운 내용을 복습하여 학습 진도에 활용하는 방법을 사용할 수 있다.

또한 시험의 정답률과 오답률을 데이터화하여 학생들이 어려워하는 부분을 쉽게 체크할 수 있고, 다음 학기에 중점적으로 보완하면 학생들의 성취도를 올리는 데 도움이 된다. 기술의 발달에 따라 생성형 AI를 활용한 과목별, 교수별 챗봇을 만들어서 수업 이후 내용을 업로드하면 개인화된 집중 교육이 가능해질 것이다. 생성형 AI를 한문 교육에 활용할 수 있는 방법은 자료 검색, 독해 연습, 작문 연습, 역사 배경 설명, 학습 자료 요약 등이 있다. 산재해 있는 고문헌 자료를 한 번에 찾아 줄 수 있고, 독해에서는 한문 고사나 역사, 배경에 대한 부가 설명도 요청할 수 있다(심호남, 2023).

컴퓨터와 스마트폰의 보급으로 요즘 학생들은 초등학교 교육 과정부터 AI 활용을 받는 세대다. 디지털 기기의 보급으로 한자와 한문을 직접 쓰고 읽는 일이 줄어들어 한자 · 한문과 친숙하지 않다.

하지만 우리나라는 동아시아 한자 문화권에 속해 있는 나라로서 오랜 기간 한자를 활용한 문자 생활을 영위해 왔다. 한글 창제와 구한말에 이르러 한국 구어에 기반한 방식으로 문자 체계를 바꾸었지만 2000년 이상 사용해 왔던 한자를 언어생활에서 일순간 배제하는 것은 힘든 일이다(정용건, 2023).

요즘 문제되는 학생들의 문해력 논란에서 보듯이 한자로 된 어휘에 대한 학습이 필요하다. '금일', '우천시', '존함' 등 단어에 대해 뜻을 알지 못하는 것이다. 학생들이 친숙하게 느끼는 AI를 통해 한자·한문 교육에 활용한다면 한자·한문에 대한 흥미를 불러일으킬 수 있을 것이다.

디지털과 전통의 융합 교육

그동안 인문학 중 고전을 다루는 문학, 역사, 철학 등은 고전을 익히고 분석하는 연구가 주를 이루었다. 그러나 시대의 변화에 따라 낡은 것, 현실과 동떨어진 학문이라는 평가에 반발하며 디지털 기술을 도입하고 캡스톤 디자인 수업 방법을 채택하는 등 변화를 시도하고 있다.

이에 따라 최근 대학에서 인문학은 디지털 기술을 매개한 인문학 교육이 강화되고 있다. 융합이라는 이름 아래 새로운 성격의 교과 개설이 생겨나고 있고, 파이선(Python)과 같은 프로그래밍 언어나 데이터 분석 환경에 대한 기초적 교육이 진행되고 있다. 디지털 환경이나 데이터 처리 기술을 인문학 교육에 접목하려는 모습들이다. 한자·한문을 다루는 인문학 강의에서 디지털 기술을 활용한 교육은 대상 자료를 선정하고 자료로부터 수집-추출한 데이터를 활용하여 학생이 스스로 질문을 만들고 그 질문에 대한 답을 시각적 차원에서 입체적으로 탐색하며 흥미로운 지식을 발견하게 할 수 있다(유인태, 2024).

능동적 교육 방법인 '캡스톤 디자인'도 활용되고 있다. 캡스톤 디자인은 본래 공학에서 사용되는 용어로 '창의적 종합 설계'라고도 한다. 즉 수동적인 학습이 아니라 학습자 스스로가 주도적으로 문제를 제기하고, 이러한 문제를 해결해 나가서 최종적인 결과물을 도출하는 프로그램을 의미하는 것이다. 인문학 교육에서 캡스톤 디자인 방법론을 적용하면 한국과 중국의 고전을 근간으로 산출물을 내는 수업이 된다. 이러한 수업은 학습자가 동아시아의 고전을 기반으로 스토리텔링을 하고 교수의 지도하에 문화콘텐츠를 도출해 낼 수 있다(최진아, 2019). 이때 학습자들은 AI를 통해 고전에 대해 쉽게 다가갈 수 있다. 한자로 어렵게 쓰인 고문헌을 초벌 번역하여 이용할 수 있기 때문이다.

AI를 비롯한 최신 ICT 기술의 도입은 인문학 교육 현장도 바꿔 놓고 있다. 아날로그 기반의 전통적 교육 환경과는 다른 맥락에서 한문학 자원의 의미와 가치를 탐구할 수 있는 새로운 채널이 디지털 환경에 마련되어 있고,

또 그것을 창조적으로 활용할 수 있는 여지가 분명히 있다(유인태, 2024).

한문 교과에 대한 학습자별로 AI 맞춤 교육 시대가 도래하면 학습자가 자신의 수준에 맞게 피드백을 받을 수 있고, AI를 활용하여 한자로 기술된 고전 텍스트를 쉽게 읽어 나갈 수 있다. 디지털 환경의 변화는 한자 · 한문의 교육 패러다임에도 변화를 미쳐 초등 교육부터 대학 교육까지 학습의 새로운 보조 도구로서 활용될 수 있다.

참고문헌

김응춘(2021). AI(인공지능) 활용 한문교육으로 지식정보처리역량 기르기. ≪한국한자한문교육학회≫, 19-69쪽.

심호남(2023). 생성형 AI를 활용한 한문 교육의 가능성 – 〈Chat GPT〉와 〈Bard〉를 중심으로 –. ≪어문논집≫, 173-197쪽.

유성열(2024). 생성형 AI를 활용한 교육과정 실행 경험에 대한 질적 사례 연구. ≪교육학연구≫, 1-26쪽.

유인태(2024). 한문학 데이터 편찬 교육의 실제 – 고려대 한문학과의 〈한문학데이터큐레이션〉 강의 사례를 중심으로 –. ≪한문교육논집≫ 301-332쪽.

정용건(2023). 한국의 한자·한문 위상 변천과 교육·연구의 현황, ≪한국(조선)어교육연구≫, 7-32쪽.

최진아(2019). 뉴미디어 시대의 융합 인문학 교육방안.≪문화와 융합≫, 49-72쪽.

08
문화유산 해설의 새로운 도구 AI

전통적인 문화유산에는 종종 한자로 쓰인 문구들이 많아, 이를 이해하는 데 어려움을 겪는 사람들이 많다. 이러한 기술이 보편화되면, 스마트폰이나 디지털 기기를 사용해 간단히 한자 문구를 스캔하고 번역된 내용을 실시간으로 확인할 수 있게 될 것이다. 이러한 AI 기반 기술들은 문화유산 해설의 새로운 패러다임을 제시할 수 있다.

AI와 한의학?

문화유산 이해의 어려움

문화유산이란 건조물, 조물, 전적(典籍, 글과 그림을 기록하여 묶은 책), 서적(書跡), 고문서, 회화, 조각, 공예품 등 유형의 문화적 소산으로서 역사적 · 예술적 또는 학술적 가치가 큰 것과 이에 준하는 고고자료(考古資料) 등 유형문화유산과 절터, 옛 무덤, 조개무덤, 성터, 궁터, 가마터, 유물포함층 등의 사적지(史蹟地)와 특별히 기념이 될 만한 시설물로서 역사적 · 학술적 가치가 큰 기념물, 의식주, 생업, 신앙, 연중행사 등에 관한 풍속이나 관습에 사용되는 의복, 기구, 가옥 등으로서 국민 생활의 변화를 이해하는 데 반드시 필요한 민속문화유산을 말한다(문화유산의 보존 및 활용에 관한 법률, 2024.8.14 시행). 한국의 문화유산은 국가지정 · 등록문화재 5,316건, 시 · 도문화재 9,965건 등이 지정되어 있다(국가유산청, 2023).

문화유산을 직접 만날 수 있는 곳은 박물관이나 기념관, 또는 문화유산이 세워진 현장이다. 우리는 경복궁, 창덕궁과 같은 고궁이나 불국사, 해인사와 같은 절 등을 방문하여 그 시대의 건축 양식이나 생활 양식 등을 경험할 수 있다.

문화유산을 이해하기 위해서는 역사적 배경, 유산의

특징을 파악해야 하기 때문에 사전에 관련 내용을 학습하거나 현장에서 문화관광해설사의 설명을 듣는다.

유명한 문화유산은 문화유산과 관련된 콘텐츠 생산과 파급력, 그리고 상주하는 문화관광해설사의 설명을 통해 자세한 설명을 듣고 이해하는 걸로 충분하다. 그러나 잘 알려지지 않은 문화유산이나 국가유산으로 등록되지 않은 문화유산에 대해서는 대중이 접근하기 어렵다.

조선 시대 건축물을 살펴보면 지방에는 서원과 같은 교육 공간, 정자를 비롯한 휴식 공간 등 건축물들이 분포되어 있다. 이 문화유산에는 건축물의 건립을 담은 상량문, 선비들이 지은 시를 새긴 시판 등 한자로 기술된 자료들이 상당수 있다. 하지만 한자로 기술된 까닭에 쉽게 문화유산을 이해하기 어렵다. 문화유산이 있는 현장에서 관련 유산을 바로 이해하기 위해서는 한자로 기술된 유산에 대한 장벽을 넘어야 한다.

문화유산 해설의 새로운 패러다임

우리가 문화유적에 방문하여 유적에 관련된 해설을 듣기 위해서는 문화관광해설사의 도움을 받는다. 문화관광해설사란 '해당 지역을 방문한 관광객들의 이해와 감상, 체험 기회를 제고하기 위하여 역사 · 문화 · 예술 ·

자연 등 관광자원 전반에 대한 전문적인 해설을 제공하는 자원봉사자'를 말한다(한국관광공사).

최근에는 스마트폰의 도입으로 손쉽게 문화유산에 대한 정보를 검색하고 확인할 수 있게 되었다. 문화유산에 관련된 애플리케이션도 발달하고 있는데, 문화유산에 대한 접근성을 높이기 위한 애플리케이션 "나만의 국가유산 해설사"가 있다.

"나만의 국가유산 해설사"는 국가유산청에서 제공하고 있는 애플리케이션이다. 해당 애플리케이션은 국가유산과 행사 정보에 대한 통합 검색 서비스를 지원하며, 관람 안내는 물론 국가유산 해설 등 국가유산에 대한 종합적인 정보를 제공하고 있다. GPS 기반으로 현재 사용자 위치 중심으로 어떤 국가유산이 분포되어 있는지도 살펴볼 수 있다.

언제 어디서나 손쉽게 국가유산을 검색하는 것은 물론이며, 국가유산 방문 인증 서비스를 통해 국가유산을 방문 인증하여 스탬프를 모으고, 후기를 통해 방문객 사이에서 정보를 공유할 수 있도록 하였다. 국가유산 방문 인증을 통해 획득한 스탬프는 순위를 매겨 사용자들의 이용 욕구를 자극하기도 한다.

"나만의 국가유산 해설사" 애플리케이션으로 문화유

산을 검색하면 종목과 명칭, 분류, 문화유산지정일 등 기본 현황과 문화유산 관련 기본 설명을 제공한다. 현재는 기본 검색과 기본 정보 제공에 초점을 맞춘 애플리케이션임을 알 수 있다.

여기에 더해서 한자로 기술된 문화유산의 현판이나 시판, 또는 소장 자료를 스마트폰 카메라를 통해 스캔하고 번역 결과를 제공해 준다면 문화유산에 대한 심도 있는 이해에 도움이 될 수 있다. 문화유산에 걸려 있는 한자로 기술된 시를 보고 사용자는 자신의 스마트폰 애플리케이션을 통해 촬영하고, 번역 결과를 바로 확인하는 것이다.

스마트폰 애플리케이션 활용의 최대 장점은 언제 어디서나 빠르게 정보를 획득할 수 있다는 점이다. 문화유산을 관람하면서 생기는 궁금증을 빠르게 해결하는 것은 문화유산에 대한 관람객 증가로 이어질 수 있다. 어렵게 느끼는 문화유산, 그중에서도 한자로 기술된 유산을 손쉽게 사용하는 스마트폰 애플리케이션을 통해 접근하고 번역까지 가능하다면 문화유산에 대한 빠른 이해가 가능하기 때문이다.

가상 공간으로 만나는 문화유산

지역학에 대한 열기가 높은 추세에 힘입어 지역의 문화유산과 최신 기술을 결합한 사업도 증가하고 있다. 문화유산의 활용이라는 측면에서는 메타버스라는 가상 공간을 통해 문화유산을 적극적으로 활용하고자 한다.

메타버스를 활용한 콘텐츠는 공간에 초점을 맞춘 콘텐츠다. 문화유산 자원은 디지털 아카이빙을 통해 공간과 내용을 확인할 수 있는데, 가상 세계인 메타버스에서는 한 단계 더 나아가 현실 공간과의 매개까지 유도할 수 있다(전성건, 2023).

안동의 도산서원, 논산의 돈암서원 등 서원 문화유산을 메타버스로 구축했는데 메타버스 플랫폼인 제페토(ZEPETO)에서 이용 가능하다. 가상 현실이지만 서원에 대한 기본 이해와 재미를 느끼게 할 수 있는 콘텐츠다.

문화유산과 메타버스의 결합은 공간의 실제적 체험을 통해 인간의 삶에 보다 풍부한 의미를 부여하는 인문학적 실재 공간으로 나아가기 위함이다(김미령, 2023).

문화는 습성상 향유하지 않으면 시간이 흐르면서 잊혀 버린다. 메타버스를 이용한 콘텐츠는 전통과 현대의 융복합 콘텐츠의 결과라고 할 수 있다. 전통에 익숙하지 않은 MZ세대들에게 옛것을 옛것 그대로 전달한다면 소통의 부재를 겪을 수 있으므로 세대에 맞는 트렌드 반영이 필요하다. 프로그램 개발 시 전통과 역사적 관점도 중요하지만 스마트폰에 익숙한 세대가 선호하는 콘텐츠 구축도 필요한 것이다. 요즘 MZ들에게는 유튜브나 OTT, 메타버스가 놀이터이며 콘텐츠다(방미영, 2023).

메타버스라는 가상 공간에서 문화유산에 대한 이해를 도모하는 것 이외에 옛 자료를 번역해 주고 관련 자료를 제공하여 메타버스를 교육적으로 활용할 수 있는 방안도 모색할 수 있다. 예로 서원이 조선 시대에 강학을 위한 교육 공간이었다는 점을 계승하여 고문헌에 대한 번역과 고문헌에 담긴 가치에 대한 교육을 제공한다면 가상 공간에서도 본래의 기능이 계승되고 발전되는 것이다.

참고문헌

국가유산청, https://www.khs.go.kr/

국가유산청 제공 애플리케이션 "나만의 국가유산 해설사", https://www.heritage.go.kr/mh/

김미령(2023). 호남 누정의 발전방향으로서 메타버스 활용 방안. ≪문화와융합≫, 1061-1070쪽.

방미영(2023). 향교·서원의 관광체험 프로그램 활성화 방안 - 국내 세계유산을 중심으로 -. ≪문화기술의 융합≫, 249-255쪽.

법제처(2024.8.14). 문화유산의 보존 및 활용에 관한 법률.

국가법령정보센터,
https://www.law.go.kr/lsInfoP.do?lsId=001607&ancYnChk=0#0000
전성건(2023). 공간형 콘텐츠로서 도산서당 활용에 대한 시론. ≪유학연구≫, 1-23쪽.
제페토(ZEPETO) 도산서원,
https://web.zepeto.me/ko/detail/Bc0Io3wK87htxrfHBLcSixp?referrer=copylink_share
제페토(ZEPETO) 돈암서원,
https://world.zepeto.me/ko/detail/a5bQG3wK899tlqtey0hWqvx?referrer=copylink_share
한국관광공사. 문화관광해설사 정의,
https://www.kctg.or.kr/information/info01.do

09
고문헌, K-콘텐츠의 동력

고문헌을 이해하기 위해 전문적인 지식이나 한문 해석 능력이 필요했지만, 자동 번역 프로그램이 상용화되면 누구나 쉽게 고문헌을 접하고 그 내용을 이해할 수 있다. 이는 고문헌이 특정 학자나 전문가의 전유물이 아니라, 대중에게도 널리 공유될 수 있는 자료로 바뀌게 되는 중요한 전환점이 될 것이다.

AI와 화장품?

고문헌, K-콘텐츠의 주요 자원

'K-콘텐츠'는 한국이라는 국적을 약호로 표현한 'K'와 '문화콘텐츠'의 '콘텐츠'라는 용어를 결합한 용어다(임대근, 2023). K-콘텐츠에는 팝, 드라마, 뷰티, 푸드 등 많은 문화 산업이 포함된다. 그중 역사 콘텐츠에 대한 대중의 반응이 뜨겁다. 최근 드라마 〈연인〉(MBC, 2023)이나 〈세작, 매혹된 자들〉(tvN, 2023)은 대중의 큰 호응을 받은 드라마다. 과거를 다루는 내용은 아니지만 한국 전통 민속신앙을 활용한 영화 〈파묘〉(2024)는 천만 관객을 돌파하기도 하였다. 음악계에서도 BTS 멤버 슈가의 믹스 테이프 '대취타'와 블랙핑크의 'Pink Venom'은 국악을 활용한 곡들로 공개 직후 빌보드 핫100 싱글 차트를 휩쓸며 좋은 반응을 보였는데, 한마디로 '전통 소재가 한국을 넘어 글로벌 콘텐츠로 성공할 수 있다'라는 가능성을 보여 주었다.

전 세계로 각광받는 K-콘텐츠의 주요 자원은 우리의 소중한 기록 자료에서 시작한 경우가 많다. 한류 드라마의 서막을 연 〈대장금〉(MBC, 2003)은 『조선왕조실록』의 기록에서 시작되었고, 〈별에서 온 그대〉(SBS, 2013)는 『조선왕조실록』의 광해 1년, 강원도에서 발견된 미확인 비행 물체에 대한 내용에서 출발했다. 전 세계를 사로

잡은 〈킹덤〉(넷플릭스, 2019)도 『조선왕조실록』 중 "괴질에 걸려 몇천, 몇만 명의 백성들이 죽었다"라는 문구에서 영감을 받아 제작되었다.

히트한 드라마와 영화의 주요 원천이 조선왕조실록이라는 점은 모두가 동의하는 바다. 이는 실록을 한글로 번역된 데이터베이스(DB)를 제공하기 때문이다. 근대 이전 우리 고문헌은 주로 한자로 기술되었는데, 1990년대 후반부터 진행된 국가정보화사업을 시작으로 주요 기록들이 전산화되고, 번역된 자료들이 DB로 제공되기 시작했다. 조선 시대 주요 기록물인 『조선왕조실록』 번역과 DB 서비스가 시작된 이후 관련 연구 성과는 물론, 콘텐츠 창작자들이 아이디어를 찾는 데 큰 역할을 한 것으로 보인다.

물론 아직 우리의 고문헌이 모두 번역된 것은 아니다. 아직도 많은 자료가 미번역 상태로 남아 있다. 고문헌의 주요 문자인 한자는 20세기 이전까지 동아시아 한자 문화권의 국가에서 공적으로 사용된 문자였다. 20세기 이후 근대화 과정에서 창작 기능이 중단된 사어(死語)이지만 현재 사용되는 동아시아의 언어에 끼친 직간접적 역할뿐만 아니라 모든 기록물의 주된 표기 체계였다. 이는 한문이 사어인 동시에 원천 언어이자 매개 언어, 문화 언어의 성격을 지닌 독특한 언어로, 한문으로 기록된 고문헌이 현재에도 가치가 있는 대상으로 여겨지는 이유다(배은한 외, 2019).

시대에 따른 변화

사극은 이름 그대로 역사에 기반해 시대적 한계를 드러내는 정형화된 장르이므로 그동안 남성 중심의 서사 구조의 사극이 주로 제작되고 방영되었다. 하지만 현대 사회를 재현한 드라마 못지않게 사극은 시대적 한계를 뚫고 미래의 거울로 존재하며 사회 변화를 가늠하기에 유의미한 텍스트이기도 하다. 당대 정치 · 사회 변화에 비추어 끊임없이 역사를 재해석하고 재구성해 왔고, 대중의 요청에 따라 왕실 중심에서 궁녀 · 의적 · 노비 등으로 서사의 지평을 넓히거나, 역사를 충실하게 재현하는 정통 사극에서 판타지와 로맨스 등 다양한 장르로 분화하기도 했다(오수경, 2022).

이처럼 고문헌을 활용한 K-콘텐츠는 기존 왕실 중심의 정치사에서 여성 판타지의 충족이나 현대인에게 친숙하도록 서사를 부여하는 등 등장인물과 소재가 다양해지는 추세다(최지운, 2019). 조선 시대 전문직 여성인 기생, 다모, 궁녀는 역사극에 주인공으로 등장했고, 실제

있던 직업은 아니지만 궁중에서 역사 기록을 담당하던 사관(史官) 중 여성 사관이 있었다면 어땠을까라는 설정으로 드라마가 제작되기도 했다(〈신입사관 구해령〉, MBC, 2019).

이러한 추세는 조선 시대 일상과 관련한 고문헌의 번역과 연구 증가와도 연관된다. 전통 시대의 생활상을 담은 고문헌은 주로 개인의 기록물들인 경우가 많다. 이는 교과서처럼 정리된 관찬 사료에 비해 다소 참신한 내용들이 많이 담겨 있다(강문종, 2023).

한국국학진흥원에서는 민간 소장 기록 자료의 수집 과정에서 생산된 일기류 자료에 주목하여 중요한 자료를 번역하고, 콘텐츠 제작으로 연결하고 있다. 전문 연구자가 아니라고 하더라도 관련 내용을 활용하여 새로운 창작물로 기획할 수 있도록 돕는 것이다. 한국국학진흥원에서는 '스토리테마파크(https://story.ugyo.net/)'를 통해 기번역된 일기류 기록 자료를 창작 소재로 가공하여 새로운 문화콘텐츠를 제작할 수 있도록 소재를 지원하고 있다(이상호, 2015). 예비 창작자들을 위한 대학생 공모전(2014~)과 전문 창작자들을 위한 공모전(2020~2022)이나 역사 자문을 통해 고문헌을 소재로 한 다양한 콘텐츠들이 기획되었다.

인기 웹툰 〈녹두전〉의 남자 주인공은 정탁(鄭琢, 1526~1605)의 『피난행록(避難行錄)』의 한 구절에서 모티브를 얻었다. "빈궁께서 해산을 하셨다"라는 글귀를 보고 웹툰으로 제작한 것이다. 만화 속 광해군의 원자는 정통 역사서에는 없는 인물이다(남혜현, 2019).

왕조 중심에서 생활의 면밀함을 추구하는 소재로 변화는 당시 일상을 보여 주는 개인의 기록에 주목하기 시작했다. 이 기록물은 시간을 넘나들며 현재를 살아가는 우리에게 공감대를 선사한다. 이 공감대는 곧 우리나라뿐 아니라 해외 시장에서도 글로벌 공감대를 형성하는데, 이는 과거의 기록이 우리의 일상과도 같은 모습이기 때문이다. 옛 기록에서 찾아낸 K-콘텐츠의 가치는 바로 시대를 뛰어넘는 유대감이다. 과거의 어느 일상을 기록한 한 줄의 기록에서 우리는 그들과의 동질감을 느끼고 용기와 위로도 얻는다. 하지만 고문헌의 발굴은 한글 번역이 되어야만 세계적으로 확대될 수 있다. 전체 고문헌 대비 번역률로 볼 때 아직도 숨겨진 자료들이 무궁무진하다.

고문헌의 생존법

현재 우리는 한국에서 콘텐츠를 제작하고, 제작되자마

자 전 세계에서 동시에 유통되는 시대에 살고 있다(장민지, 2022). 특히 K-콘텐츠에 대한 세계적 관심이 높아가는 지금, K-콘텐츠의 기반이 되는 고문헌의 발굴도 박차를 가해야 하지 않을까. 수장고 속 고문헌들의 가치를 발견하고 계속 우리에게 기억될 수 있는 방법은 콘텐츠로 개발하는 것이다. 일부 소수의 연구자만 고문헌을 활용하는 것이 아니라, 고문헌을 한글로 번역해 주는 프로그램이 개발되면 콘텐츠 창작자들도 손쉽게 소재를 활용이 가능하다.

이제는 챗지피티(ChatGPT), 뤼튼(wrtn), 제미나이(Gemini) 등이 빠르게 정보를 찾아 주는 것은 물론, 외국어 번역도 빠르게 그 결과를 제공한다. 단순히 번역 결과뿐 아니라 배경지식에 대해서도 정보를 제공해 주며, 사용자가 다양하게 활용할 수 있도록 해 준다.

다만 지금의 생성형 AI의 고문헌 번역과 배경지식 전달은 100% 정답으로 볼 수 없다. 그 이유는 아직 우리 고문헌의 번역이나 관련 정보의 디지털화가 다른 분야에 비해 더디기 때문이다. 또한 이러한 점은 고문헌에 대한 대중 접근을 제한하는 요인이기도 하다.

고문헌을 누구나 이용하기 쉽게 풀어 버리는 것, 그것이 고문헌이 AI 시대를 살아가는 생존법 중 하나다. 고문헌의 디지털화를 통해 여러 연구 기관에서 학술 DB를 제공하고 있지만 번역된 자료보다는 미번역된 자료가 많은 비중을 차지한다. AI를 활용한 빠른 번역과 단순 정보 제공에서 생성형 AI와 같은 효율적 도구 활용으로 고문헌을 활용하는 기반을 변화시킬 필요도 있다. 고문헌을 많은 사람들이 이용할 수 있게 플랫폼 변화가 필요한 시기다.

한류의 서막을 연 〈대장금〉이나 전 세계적인 호응을 이끈 〈킹덤〉 시리즈는 번역된 고문헌의 기록 한 줄에서 탄생했다. 이 기록은 작가의 상상력을 더해 세계적 콘텐츠로 성장했고, 세계인들에게 우리 전통문화에 대한 호기심을 자극했다. 아직 우리 고문헌에는 새로운 콘텐츠로 변화시킬 수 있는 무궁무진한 소재들이 잠들어 있다. 고문헌이 더 이상 옛 기록에 머무르지 않으려면 AI와 같은 기술을 적극적으로 활용하여 사람들의 관심을 받을 수 있도록 노력해야 한다. 고문헌이 현재의 우리와 함께 살아가려면 우리가 언제든 활용 가능하도록 문을 활짝 열어야 할 것이다. 그 문을 열기 위한 열쇠는 고문헌을 누구나 쉽게 번역할 수 있는 도구인 자동 번역 프로그램 개발이다.

참고문헌

강문종(2023). 전통 시대 자료 속 콘텐츠의 대중화 가능성. ≪인문학연구≫, 1-22쪽.

남혜현(2019.11.25). [웹툰작가를 만나다] '녹두전' 막방 앞둔 혜진양 인터뷰. ≪일간 바이라인≫, https://byline.network/2019/11/25-85/

배은한 외(2019). 한문고전 인공지능 번역 연구의 필요성과 선결 과제. ≪한문학논집≫, 39-54쪽.

오수경(2022). 여성주의 사극은 무엇을 보여주는가. ≪복음과 상황≫ 2월호, https://www.goscon.co.kr/news/articleView.html?idxno=40739

이상호(2015). 선비문화콘텐츠의 현황과 과제: DB구축에서 콘텐츠 제작으로 - 한국국학진흥원의 일기류 기록자료 가공 사례를 중심으로 - . ≪유학연구≫, 29-57쪽.

임대근(2023). 한류와 K-콘텐츠 연구를 위한 이슈들, ≪글로벌문화콘텐츠학회 학술대회≫, 367-375쪽.

장민지(2022). 넷플릭스와 HBO 플러스에 이르기까지, OTT가 문화를 전시하는 방법. ≪뉴 래디컬 리뷰≫, 171-184쪽.

최지운(2019). 2010년대 TV사극의 캐릭터 구현 전략: 〈추노〉, 〈뿌리 깊은 나무〉, 〈구르미 그린 달빛〉을 중심으로, ≪인문콘텐츠≫, 51-71쪽.

한국국학진흥원 스토리테마파크, https://story.ugyo.net/

10
번역의 최종 결정자

AI를 활용한 고문헌 자동 번역 프로그램이 개발되고 상용화되더라도, 번역 결과에 대해 100% 신뢰할 수는 없다. AI는 방대한 데이터를 바탕으로 번역을 수행하지만, 고문헌의 특수한 언어적, 문화적 맥락을 완벽하게 이해하기에는 한계가 있다. AI는 강력한 도구일 뿐, 최종 번역의 정확성과 의미를 보장하기 위해서는 여전히 사람의 개입이 필요하다. 인간의 지혜와 통찰력이 합쳐질 때 비로소 완성된 번역이 이루어질 수 있다.

종교와 AI?

인간을 위협하는 AI

AI의 등장 이후, 노동시장에 대한 예측에 관한 최근 연구에 따르면 한국의 전체 일자리의 12%(약 341만 개)는 AI 기술 의한 대체 가능성이 높다는 분석 결과가 나왔다(이희경, 2024).

통번역 분야는 2016년 11월 기존의 통계 기반 번역기(SMT, Statistical Machine Translation)보다 훨씬 우수한 성능의 딥러닝 기반 신경망번역기(NMT, Neural Machine Translation)가 등장한 이래 미래에 대한 혼란, 불안과 함께 비관론이 팽배해 있다. 교육이나 연구를 통해 새로운 패러다임에 적응하려 하고 있으나 직업 안정성에 대한 우려는 잦아들지 않는다. 번역가를 사라질 직업 압도적 1위로 보는 언론 보도들은 번역 업계의 암울한 분위기를 더욱 고조했다(김순미, 2018).

번역 기술의 발전으로 외국어에 자신이 없어도 우리는 언제 어디서나 스마트폰을 통해 결과를 얻어낼 수 있게 되었다. 최근에는 스마트폰을 통해 문자를 추출한 대상을 카메라로 찍고 바로 문자로 추출이 가능하게 되었으며, 스마트폰 기능 중 '통역' 기능을 설정하면 실시간으로 다른 언어를 사용하는 사용자와 대화가 가능하다.

AI의 급격한 발전으로 전문 번역가의 도움 없이 기계

를 통해 번역의 결과를 쉽게 얻을 수 있게 되었다. 이에 따라 번역 업계는 사양길을 걷게 되는 등, 번역가가 AI에게 밀려날지도 모른다는 두려움이 팽배해지기도 했다. 그러나 현재 우리의 모습은 제1차 산업혁명 직후의 '러다이트(luddite)' 운동과는 사뭇 다르다. 인간을 대체하는 기계를 부숴 버리는 것이 아니라, AI로 대표되는 신기술이 대체할 수 있는 영역과 인간 고유의 영역을 구분하고 인간과 노동이라는 근본적인 개념까지 되짚어 보고 있다. 대중까지 AI가 우리 사회를 어떻게 변화시키고 인간은 그런 미래에 어떻게 대처해야 하는지 고민하기 시작했으며, 전문가들과 학계 역시 AI가 각 분야에 미치는 영향에 대해 더 구체적으로 고민하기 시작했다(최수연, 2017).

그 고민의 답은 노동 시장에서 AI 기술이 인간의 일자리를 대체한다는 데 초점을 맞추기보다는 AI를 활용하여 생산성을 증대하는 방향을 모색하는 데서 찾아야 한다. 매뉴얼, 법률 문서, 금융 관련 문서 등의 비문학 부문 텍스트의 기계 번역이 활성화되어 번역 산업에서 빠르게 상용화가 이루어지면서 인간 번역이 가지는 창의성과 세심함이 경시되고 위축되는 상황이다. 하지만 번역 서비스 산업 시장의 폭발적인 팽창 추세를 감안한다면 오히려 인간 번역사의 일자리도 증가할 것으로 예측하기도 한다(김가희 · 조영래, 2021).

고문헌의 번역과 활용도 AI 기술 도입으로 시장이 확대될 수 있다. 전문 번역가의 빠른 번역은 AI 보조 도구 활용을 통해 이루어질 것이며, 번역 결과는 관련 콘텐츠 개발로 이어진다.

누구나 쉽게 고문헌에 접근할 수 있도록 고문헌에 대한 장벽이 낮아질 수 있지만 고문헌의 완전한 번역은 번역 전문가의 손에서 이뤄진다. AI 기술은 번역가의 빠른 번역, 콘텐츠 생산의 보조 도구 활용으로 초점을 맞춰야 한다.

빠른 번역을 위한 보조 도구

AI를 활용한 기계 번역의 발전으로 번역의 효율성과 접근성이 크게 향상했다. 많은 사람들이 AI 번역기를 통해 언어의 장벽을 넘어 소통할 수 있게 되었고, 이는 특히 일상적인 대화나 기본적인 정보 전달에 유용하게 사용되고 있다. 그러나 이러한 발전에도 불구하고, AI가 인간 번역가를 완벽하게 대체할 수 없다. 발달한 기계 번역은 결국 인간 번역의 보조 도구로 활용되는 것이다.

기계 번역의 발달로 정보를 전달하는 텍스트나 기술

적 문서 번역에는 기계 번역으로 먼저 번역을 한 뒤에 인간이 포스트 에디팅 작업을 하는 과정이 확산되기 시작했다. 하지만 인간의 창의력, 복합적 해석 및 선택 능력, 소통력을 필요로 한다는 문학 번역은 기계 번역이 완전히 수행할 수 있는지에 대해 어렵다는 쪽이 우세한 상황이다(마승혜, 2018).

인간의 섬세한 감정을 표현한 문학 작품을 기계가 완벽히 읽어 낼 수는 없다. 고문헌 중에도 한시나 소설과 같은 문학 작품이 있다. 문학 작품을 번역하려면 작품에 담긴 작가의 의도를 파악해야 한다. 은유적 표현은 문맥에 따라 다르게 번역되어야 하지만, AI는 이러한 섬세한 차이를 이해하지 못할 수 있다. 같은 작품이라 하더라도 인간 번역가들은 다른 결과를 낼 수 있는데, 이는 섬세한 감정들을 사람마다 다양하게 표현한 결과라고 할 수 있다. AI는 인간의 섬세한 감정이 담긴 문학 작품을 어떻게 이해하고 번역할 수 있을까.

문학 작품 중 시를 보면, 단어와 표현, 문장 부호, 단락의 구분 등에 이르기까지 거의 모든 부분이 시인의 의도적이고 신중한 선택의 결과다. 그러므로 번역자가 다른 단어나 표현으로 쉽게 대체하기 어렵다. 함축과 생략, 반복 등을 통해 새로운 의미 영역에 도달한다는 점에서도 번역 과정의 어려움이 있다. 번역에 대한 어려움에 앞서 작품에 대한 정확하고 올바른 이해와 해석의 어려움을 먼저 겪게 되는데, 문학 작품에 담긴 사회와 문화적 맥락, 그리고 역사적 맥락에 대한 이해가 필요하기 때문이다(오세인, 2019).

고문헌 번역도 마찬가지다. 고문헌의 전통적 번역 방법은 엄밀한 독법을 통해 주석을 종합하고 끊임없이 새로운 번역을 시도하는 것이다. 특히 고문헌은 해당 시기의 관직, 지명 등 고유명사와 유교 경전의 구절을 축약한 경우가 많다. 현존하는 대다수 고문헌은 조선 시대 자료로 당시 지식인이라 할 수 있는 유학자들이 남긴 기록들이다. 유학자들은 끊임없이 사서삼경 등 경전을 외우고 해석했다. 이들은 그 결과를 글로 지었다. 그러므로 번역을 위해서는 이러한 맥락을 읽을 줄 알아야 한다. 인간 번역가들은 고문헌을 번역하기 위해 최소 10년 이상 관련 공부를 진행한다. 그러므로 고문헌에 담긴 역사적 맥락을 읽고 번역을 진행할 수 있다. AI를 활용한 고문헌 자동 번역 프로그램을 이용한다고 하더라도 번역의 품질과 담긴 메시지를 읽기 위해서는 전문 번역가가 필요하다.

아직은 인공지능이 텍스트에 담긴 맥락까지 번역을

원활하게 수행하기는 어려울 것이라는 전망이 지배적이다. 그렇지만 AI를 통한 번역 기술의 발전으로 인간과 기계 번역이 공존하는 시대가 곧 다가올 것이다. AI 기술 발달로 인간과 기계 번역이 공존하는 시대에는 빠른 번역 결과물과 그 번역 결과로 만들어지는 전통문화 콘텐츠의 산업 발전으로 이어져야 한다.

최신 기술을 통한 전통문화의 파급

AI 기술 발전은 전통문화 활용에 혁신을 가져왔다. 고문헌의 빠른 디지털화와 번역, 그리고 결과는 문화 메타버스와 같은 최신 기술의 발전을 위해 옛 자료를 번역하고 관련 자료를 제공하여 전통을 이해하도록 돕는 교육 방안으로 활용할 수 있으며, 이는 전통문화 확산으로 이어진다.

고문헌은 역사적 가치를 내포하고 있어 문화 콘텐츠로서 다양하게 활용되고 있다. 현재 주목받는 문화 콘텐츠 산업을 보면 창작 소재에서 가장 압도적으로 차지하고 있는 자원은 바로 전통 소재다. 이는 전통 소재가 기본적으로 자국의 특수성(개별성)과 함께 세계적 보편성을 담고 있기 때문이다. 이 점에서 우리의 콘텐츠 산업도 우리의 전통 문화자원에 대한 소재 발굴과 개발에 더욱 관심을 기울여야 한다(김기덕, 2018).

우리는 수많은 전통 기록 자료를 보유한 나라다. 이 기록들은 국가의 기록부터 민간의 기록까지 기록의 주체부터 유형까지 다양하다. 이러한 자료들은 콘텐츠로 활용할 수 있는 유용한 자료이지만 한자로 기술되어 진입장벽이 높다. 하지만 AI를 통한 자동 번역 프로그램과 같은 도구를 사용하여 고문헌의 번역 결과가 증대된다면 콘텐츠 산업 발전에도 영향을 미칠 수 있다. 우리의 전통 기록유산인 고문헌이 최신 기술인 AI와 만나 잊힌 기록으로 남는 것이 아니라 세계적으로 퍼져 나갈 수 있는 콘텐츠의 기반이 되는 것이다.

AI라는 최신 기술의 도입은 고문헌의 이용 전기에도 큰 변화를 가져왔다. 물론 우리가 상상하는 것처럼 AI가 고문헌의 번역을 100% 완벽하게 수행하지는 않는다. 현 시점에서는 고문헌 번역은 초벌 번역 수준, 즉 어떤 의미가 담겨 있는지 전달해 주는 정도다.

하지만 AI를 통한 고문헌 번역 작업에서 초벌 번역의 결과만 제공해 준다 하더라도 고문헌의 번역 속도는 눈에 띄게 달라진다. 또한 고문헌이 담고 있는 시대 배경, 문화는 고문헌을 이용하는 인간이 이해하고 번역에 활용하며 최종 번역의 결정자는 인간이 된다.

참고문헌

김가희·조영래(2021). 수필번역에서 인간번역과 인공지능번역의 비교분석 - 바스넷의 『번역의 성찰』을 중심으로 - . ≪인공지능인문학연구≫, 51-70쪽.

김기덕(2018). 4차 산업혁명시대 '문화원형 소재 오픈소스화를 위한 디지털콘텐츠화사업'의 필요성, ≪인문콘텐츠≫ 109-133쪽.

김순미(2018). AI시대 인간번역과 기계(NMT)번역의 공존 - 경영학 '확장(Augmentation)전략' 중심. ≪통역과 번역≫, 1-32쪽.

마승혜(2018). 문학작품 기계번역의 한계에 대한 상세 고찰. ≪통번역학연구≫, 65-88쪽.

오세인(2019). 국내외 대학의 한국 문학 교재에 나타난 시 영역의 문제 - The Columbia Anthology of Modern Korean Poetry를 중심으로. ≪한국어문학국제학술포럼≫, 227-265쪽.

이희경(2024.7.15). "일자리 12%, AI 기술로 대체 가능성". ≪세계일보≫, https://n.news.naver.com/mnews/article/022/0003950892?sid=101

최수연(2017). 번역학의 '기술적 전환'(Technological Turn) = AI시대의 영상번역. ≪번역학연구≫, 207-228쪽.

박나연

국립안동대학교 글로컬대학 사업단 초빙교수다. 단국대학교에서 "純祖代 孝明世子 관련 王室儀禮 연구"로 박사 학위를 받았다. 한국국학진흥원에서 인공지능 고문헌 자동 번역 프로그램 개발 사업에 참여했고(2022~2024), 국립안동대학교 디지털인문센터에서 디지털 아카이빙 사업을 진행 중이다. 주요 저서로 『(지식 생산의 기반, 지형 변화, 사회화를 위한) DB 구축 이론과 실제』(2019, 공저), 『지식 생산의 기반과 메커니즘』(2019, 공저), 『전환기의 지식, 지식인』(2021, 공저) 등이 있다. 이외에 "한국국학진흥원 개발 고문헌 AI 자동 번역 프로그램과 활용 전망"(2022) 등의 논문이 있다.